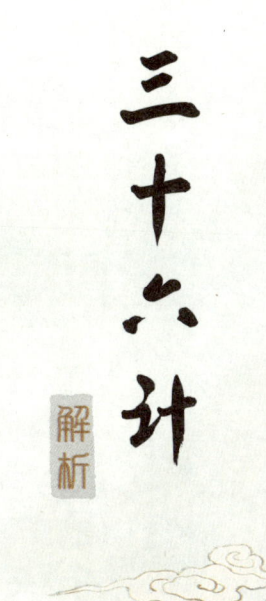

三十六计
解析

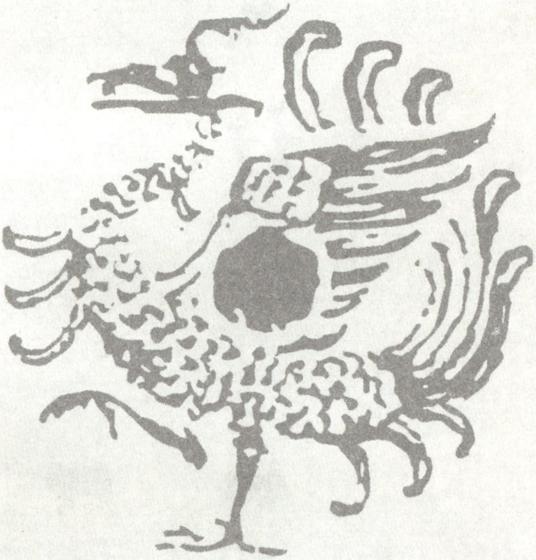

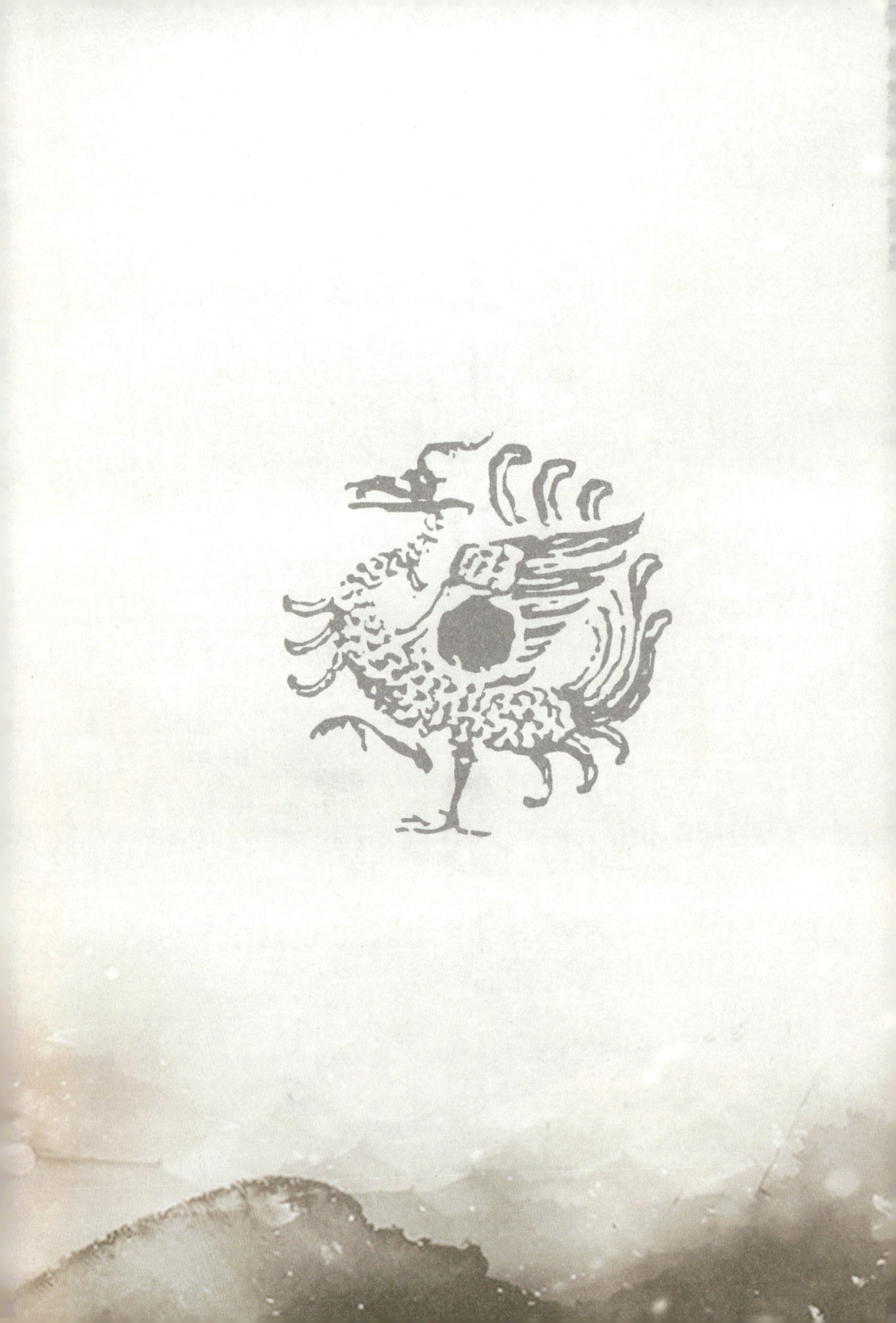

三十六计

国学经典丛书

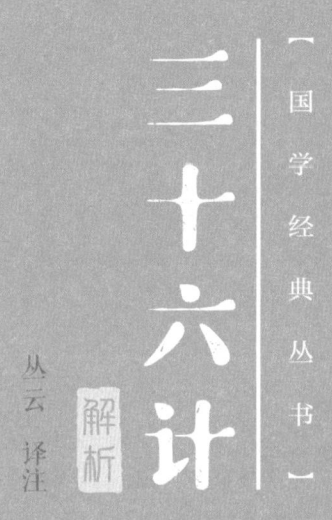

解析

丛云 译注

科学普及出版社

·北京·

图书在版编目（CIP）数据

三十六计解析 / 丛云译注. —北京：科学普及出版社，2023.4（2024.3 重印）
（国学经典丛书）
ISBN 978-7-110-10527-6

Ⅰ.①三… Ⅱ.①丛… Ⅲ.①《三十六计》－译文②《三十六计》－注释 Ⅳ.①E892.2

中国国家版本馆CIP数据核字（2023）第023969号

策划编辑	胡　怡
责任编辑	胡　怡
封面设计	余　微
正文设计	余　微
责任校对	焦　宁
责任印制	马宇晨

出　　版	科学普及出版社
发　　行	中国科学技术出版社有限公司发行部
地　　址	北京市海淀区中关村南大街16号
邮　　编	100081
发行电话	010-62173865
传　　真	010-62173081
网　　址	http://www.cspbooks.com.cn

开　　本	710mm×1000mm　1/16
字　　数	154千字
印　　张	12.5
版　　次	2023年4月第1版
印　　次	2024年3月第2次印刷
印　　刷	德富泰（唐山）印务有限公司
书　　号	ISBN 978-7-110-10527-6 / E·47
定　　价	63.00元

（凡购买本社图书，如有缺页、倒页、脱页者，本社发行部负责调换）

前 言

《三十六计》是一部根据我国古代卓越的军事思想和丰富的战争经验总结而成的兵书。它集历代韬略、诡道、兵法之大成，被中外兵家、政治家广为援用，素有"谋略奇书"之称，是世界文化的瑰宝。

"三十六计"一语，最早出自南朝宋将檀道济语，据《南齐书·王敬则传》记载："檀公三十六策，走是上计，汝父子唯应急走耳。"宋朝惠洪的《冷斋夜话》中也有"三十六计，走为上计"之语。及明末清初，此语已广为流传，于是有心人采集史料，编撰成书，名之《三十六计》。此书作者为谁，已难考证，其内容来源广泛，在历代流传中，又不断加以总结发扬，并逐步衍变完善，成为妇孺皆知、吟诵如流的"三十六计"。

《三十六计》共分六套，即胜战计、敌战计、攻战计、混战计、并战计和败战计。前三套是处于优势时所用之计，后三套是处于劣势时所用之计。每套又包含六计，总共三十六计。为便于人们熟记这三十六条妙计，后人在每计中各取一字，编排成诗："金玉檀公策，借以擒劫贼，鱼蛇海间笑，羊虎桃桑隔，树暗走痴故，釜空苦远客，屋梁有美尸，击魏连伐虢。"全诗除了"檀公策"三个字外，每字均包含了三十六计中的一计，依次为："金"蝉脱壳、抛砖引"玉"、"借"刀杀人、"以"逸待劳、"擒"贼擒王、趁火打"劫"、关门捉"贼"、浑水摸"鱼"、打草惊"蛇"、瞒天过"海"、反"间"计、"笑"里藏刀、顺手牵"羊"、调"虎"离山、李代"桃"僵、指"桑"骂槐、"隔"岸观火、"树"上开花、"暗"度陈仓、"走"为上计、假"痴"不癫、欲擒"故"纵、"釜"底抽薪、"空"城计、"苦"肉计、"远"交近攻、反"客"为主、上"屋"抽梯、偷"梁"换柱、无中生"有"、"美"人计、借"尸"还魂、声东"击"西、围"魏"救赵、"连"环计和假道"伐虢"。

《三十六计》原文依据《易经》中的阴阳变化之理及古代兵家刚柔、奇正、攻防、彼己、虚实、主客等对立且相互转化的思想推演而成，含有朴素的军事辩证法的因素。由于《三十六计》全书以文言文写成，今天的读者一般很难理解，也就很难真正领悟到这些妙计所蕴含的哲理，很难把这些思想应用在实际生活中。本次出版对原著进行了全新编辑和整理，在原文的基础上增加了导读、计名探源等内容。此外，每一计后都附有此计在实际应用中的历史故事，以及针对故事的精辟分析。纵观全书，我们犹如在欣赏一场中国古代军事家、政治家在千变万化的历史舞台上出神入化的精彩表演。

　　有人说："人生如弈，深谋远虑者胜。"《三十六计》不仅是中国古代军事指挥理论的经典之作，其思想早已渗透到社会生活的各个方面，对现代人的谋事为人、经商从政都有着积极的指导、借鉴意义。我们希望通过本书，使读者在感受我们伟大祖先无穷智慧的同时有所收获，将其中精华为己所用，在竞争激烈的现代生活中立于不败之地。

目 录

第一套　胜战计 …………………………… 1
　　第 一 计　瞒天过海 …………………………… 2
　　第 二 计　围魏救赵 …………………………… 7
　　第 三 计　借刀杀人 …………………………… 12
　　第 四 计　以逸待劳 …………………………… 20
　　第 五 计　趁火打劫 …………………………… 24
　　第 六 计　声东击西 …………………………… 28

第二套　敌战计 …………………………… 33
　　第 七 计　无中生有 …………………………… 34
　　第 八 计　暗度陈仓 …………………………… 40
　　第 九 计　隔岸观火 …………………………… 46
　　第 十 计　笑里藏刀 …………………………… 50
　　第十一计　李代桃僵 …………………………… 57
　　第十二计　顺手牵羊 …………………………… 61

第三套　攻战计 ·················· 65

第 十 三 计　打草惊蛇·············· 66
第 十 四 计　借尸还魂·············· 70
第 十 五 计　调虎离山·············· 74
第 十 六 计　欲擒故纵·············· 80
第 十 七 计　抛砖引玉·············· 86
第 十 八 计　擒贼擒王·············· 91

第四套　混战计 ·················· 95

第 十 九 计　釜底抽薪·············· 96
第 二 十 计　浑水摸鱼·············· 102
第二十一计　金蝉脱壳·············· 106
第二十二计　关门捉贼·············· 111
第二十三计　远交近攻·············· 115
第二十四计　假道伐虢·············· 120

第五套　并战计 ·················· 123

第二十五计　偷梁换柱·············· 124
第二十六计　指桑骂槐·············· 128
第二十七计　假痴不癫·············· 134
第二十八计　上屋抽梯·············· 140
第二十九计　树上开花·············· 145

第三十计　反客为主…………………… 151

第六套　败战计 …………………………… 155

第三十一计　美人计…………………… 156
第三十二计　空城计…………………… 161
第三十三计　反间计…………………… 165
第三十四计　苦肉计…………………… 169
第三十五计　连环计…………………… 179
第三十六计　走为上…………………… 184

第一套 胜战计

本套为处于绝对优势地位之时所用计谋，共有瞒天过海、围魏救赵、借刀杀人、以逸待劳、趁火打劫及声东击西六计。

用计之时，以"瞒天过海"作为战役的伪装，可达到出其不意的战争效果；而面对来势汹汹的敌人，则可用"围魏救赵"避其锋芒；"借刀杀人"是一种相互利用的权诈之术，用计者不必亲自动手，便可击溃敌人，用计者也可采取守势；"以逸待劳"指待前来进攻的敌人疲惫之后，趁机出击；"趁火打劫"指敌人陷入混乱或困境之时，抓住时机，便可不费吹灰之力夺取胜利；"声东击西"其实就是虚晃一枪，令敌人作出错误判断，而后攻其不备，使之处于下风。

第一计　瞒天过海

　　瞒天过海的天喻指皇帝，此计的本义是瞒住皇帝，让他在轻松的氛围中平稳渡海，后比喻用谎言和伪装向别人隐瞒自己的真实意图，在背地里偷偷地行动。此计的奥妙在于：用对方习以为常的事情使其放松警惕，暗地里进行自己的秘密军事行动，常有出其不意的效果。

原 文

　　备周则意怠①，常见则不疑。阴在阳之内，不在阳之对②。太阳，太阴③。

　　【按语】阴谋作为，不能于背时秘处行之。夜半行窃，僻巷杀人，愚俗之行，非谋士之所为也。如：开皇九年，大举伐陈。先是弼请缘江防人，每交代之际，必集历阳，大列旗帜，营幕蔽野。陈人以为大兵至，悉发国中士马，既而知防人交代，其众复散。后以为常，不复设备。及若弼以大军济江，陈人弗之觉也，因袭南徐州，拔之。

注 释

　　①备周则意怠：防备得十分严密周到，往往容易让人斗志松懈，麻痹轻敌。

　　②阴在阳之内，不在阳之对：秘密的谋略就隐藏在公开的行动之中，而不与公开的行动对立。阴，指秘密谋略。阳，指公开的行动。对，指对立、相反的方面。

　　③太阳，太阴：最公开的行动当中往往隐藏着最秘密的阴谋。太，这里是极端、特别、非常之意。

译文

防备得十分严密周到，往往容易斗志松懈，麻痹轻敌；司空见惯了的东西，往往不容易引起人们的怀疑。秘密的谋略就隐藏在公开的行动之中，而不与公开的行动相对立。最公开的行动当中往往隐藏着最秘密的阴谋。

【按语】秘密筹划的计谋，不能在不合适的时候和秘密的地方进行。在半夜里偷窃、在偏僻的小巷中杀人，这些都是愚蠢的俗人干的事，会谋划计策的人不会做这样的事。比如开皇九年（589年），隋兵讨伐陈国。战前，隋将贺若弼驻军江岸，每次换防的时候，都把兵士集中在历阳（今安徽和县），大张旗鼓，野地里支满了营帐。陈国以为隋军要大举进攻，于是调发全国兵马，准备御敌，后来才发现隋军只是在换防，便把军队遣散了。后来，陈国习以为常，就不再防备。等到贺若弼率军渡江，陈国军队也没有察觉，于是隋军趁机攻下了陈国的南徐州（今江苏镇江一带）。

计名探源

此计的计名出自《永乐大典·薛仁贵征辽事略》：

644年，唐太宗李世民率三十万大军出征高丽。大军来到海边，唐太宗便向群臣询问过海之计，群臣一时面面相觑，无一应答。前部总管张士贵回到营帐之中，询问薛仁贵。薛仁贵稍加思忖，便得一计。这天，忽有一位海边的豪民求见，并称三十万大军渡海所需的粮草已在家中备齐。唐太宗大喜，便随老人来至一处幔帐，百官进酒，说说笑笑，好不热闹。过了一会儿，众人只觉得四面的帷幕被风吹得呼呼作响，哗哗的涛声如雷震响。唐太宗惊疑，命人揭开帷幕察看，只见一望无际的滔滔海水，这哪还是豪民家里，分明是海上！原来这位豪民就是薛仁贵假扮的，"瞒天过海"之计就是薛仁贵那日想出的计策。

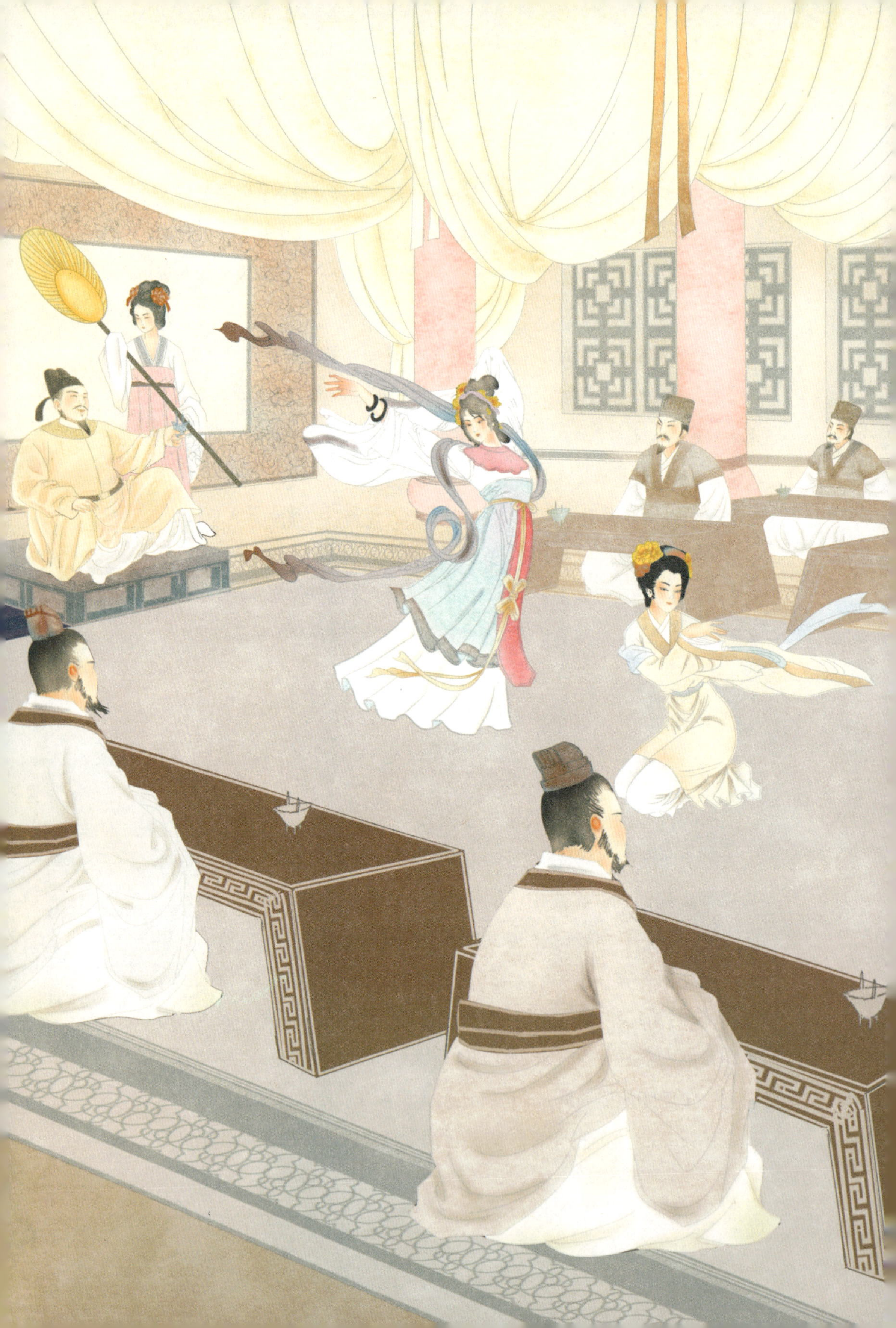

【延伸阅读】

齐姜乘醉谴重耳

晋献公死后，晋国发生叛乱，晋献公的第二个儿子重耳逃出晋国，辗转流浪，最后在齐国安下身来。齐桓公将齐宗室的女子齐姜许配给重耳为妻。齐姜是一个深明大义的女子，希望重耳日后能回到国内，重振国威，干一番伟大的事业。然而，齐姜想不到的是，重耳一过上安定的日子，便安于现状，意志消沉，把复国的大业置之脑后。齐姜劝重耳说："诸位老臣为什么不辞劳苦，跟随您辗转列国？就是因为他们盼望着有朝一日能重振国业，共享富贵。可是公子现在却浑浑噩噩，还怎么实现抱负？晋国局势已发生变化，你们现在回去，正是时机！"

可是重耳根本不听劝。

于是，齐姜跟重耳的舅父狐偃一起设计将重耳灌醉，将重耳用被子包裹起来，装上马车，日夜兼程地送出了齐国。

后来，重耳在狐偃等大臣的协助下，经过一番艰苦的努力，回到了晋国，登上了王位，是为晋文公，重耳派人到齐国隆重地接回了妻子齐姜。

齐姜看到当上国君的丈夫，想到当年颠沛流离的逃亡生活，涕泪交加地说："我当年那样做，正是为了今日啊！"

王羲之装睡避祸

王羲之十岁时，非常聪明伶俐，堂伯父、大将军王敦很喜欢他，经常把他带在身边。

王敦是一个有政治野心的人，他想取代东晋的统治，自立为君主。

有一天，王敦起得很早，他的一个部下进营帐和他谈论造反的事情，二人都忘了王羲之还在帐中睡觉，便谈论起来。

王羲之则将这逆谋听得清清楚楚，不由大惊失色，继而猜到王敦回过神来之后一定会杀自己灭口。于是，王羲之急中生智，自己抠喉咙干呕，并将脏兮兮的黏液涂在脸上，故作熟睡的样子。

这时，王敦突然想起营帐里还躺着个王羲之，立即走进营帐要了结了王羲之。结果王敦掀起被子一看，王羲之鼾声如雷，睡得满脸都是鼻涕唾沫，连被子都弄脏了。王敦看王羲之睡得如此沉，相信他肯定没有听见刚才的密谋，王羲之这才得以保全性命。

第二计　围魏救赵

围魏救赵是古代以少胜多的著名战役，本义是指战国时期齐军用围攻魏国的方法，迫使魏国撤回攻赵部队而使赵国得救，后指袭击敌人后方据点，以迫使进攻之敌撤退的战术。当对手力量强大时，我方就要避免与之正面对抗，应寻找机会攻击对方的薄弱点，把对方的力量分散开。此计可以说是摆脱困境、绝处逢生的绝佳方法。

原文

共敌不如分敌①，敌阳不如敌阴②。

【按语】治兵如治水，锐者避其锋，如导疏；弱者塞其虚，如筑堰。故当齐救赵时，孙子谓田忌曰："夫解杂乱纠纷者不控拳，救斗者不搏击。批亢捣虚，形格势禁，则自为解耳。"

注释

①共敌不如分敌：共敌、分敌，这里是指集中的敌人与分散的敌人。

②敌阳不如敌阴：打击气焰正盛的敌人不如打击气势衰竭的敌人。敌，攻打。阳，指气势旺盛。阴，指气势衰竭。

译 文

攻打集中之敌，不如攻打分散之敌。打击气焰正盛的敌人不如打击气势衰竭的敌人。

【按语】作战就像治理洪水一样，对于来势凶猛的敌人，要避开他的锋芒，就好比治理洪水要导流一样。对于弱的敌人，要堵住他、歼灭他，就好比治理洪水要修筑河堤一样。所以，当齐国派兵去解赵都邯郸之围时，孙膑对田忌说："要解开杂乱纷繁的纽结，不能握紧拳头去打；要解救打架的人，不能自己参与打斗。抓住敌方要害，攻其虚弱之点，使敌方处于受阻的困难局面，赵都之围便自然而然解除了。"

计名探源

此计的计名源于《史记·孙子吴起列传》：

公元前354年，魏将庞涓率领大军围攻赵国都城邯郸，赵国危急，便以土地贿赂齐国，请求齐国救赵。齐王以田忌为统帅，以孙膑为军师，领兵八万援助赵国。孙膑趁魏国精锐部队都被庞涓带去攻赵，魏国内部兵力空虚之际，带兵向魏国的都城大梁扑去。魏军听闻老巢起火，急忙撤出赵国，回军救援。齐军于桂陵伏击魏国军队，魏军大败，邯郸之围遂解。

【延伸阅读】

晋国攻曹、卫救宋国

公元前633年，楚成王亲自率领大军，与同盟诸侯一同攻伐宋国。宋成公派公孙固去晋国求援。然而，晋文公由于在流亡时期曾得到楚成王的帮助，不便直接和楚军作对。

这时，晋文公的谋士狐偃出了个主意，他说："我军可以先去攻打与楚国结盟的曹国和卫国。这两国的国君在您流亡时期都曾对您极不友好，这样晋军也可师出有名。卫的楚丘城是楚成王舅父的领地，而曹国则紧邻楚国领土，我军攻打这两国，楚军一定回师救援，这样宋国就可以解脱了。"

晋文公听取了狐偃的计谋，便一面让公孙固回报宋成公务必坚守阵地；一面派先轸为将，率军一举攻占了卫国的五鹿城，直逼楚丘。接着，又攻破了曹国。

楚成王在讨伐宋国期间忽然听说晋军已占领五鹿城，直逼楚丘。楚成王为挽救舅父的领地，只留下一部分兵马由大将成得臣率领，继续攻打宋国，自己则亲自率军回师救援楚丘。当他的兵马走到半路时，又听说晋军已攻破曹国，对楚国造成直接威胁了。情势所迫，楚成王只好命令成得臣从宋国撤军，回师救援本土。

就这样，晋文公用狐偃围魏救赵之计，成功地解了宋国之围。

王守仁计解安庆之围

1519年6月，明朝宗室宁王朱宸濠发动叛乱。7月，朱宸濠留下宜春郡王朱拱樤等守卫南昌，自己亲率六万大军东下，直逼安庆，安庆危在旦夕。

南赣巡抚、都察院左佥都御史王守仁得到安庆告急的消息，立即召集众将商议。谋士王晖说："宁王久攻安庆不下，说明他兵疲气沮。若此刻率精兵前往救援，与安庆守兵前后夹攻，必能取胜。"王守仁不赞同王晖的观点，说："我军若救安庆，必然越过叛军镇守的南昌，受到阻击。到了安庆与朱宸濠相持，势均力敌，胜负难知。况且安庆守军经过连日激战，一定疲惫不堪。若此时南昌叛军出现在我军背后，绝我饷道，南康、九江的敌人趁机出动，我军岂不是腹背受敌吗？依我之见，不如首先攻打叛军的老巢南昌。朱宸濠的精兵已前往安庆，南昌的守军一定空虚，而我军新集，气势正盛，不难攻破南昌。朱宸濠知南昌告急，必定回师救援，安庆之围便可解除。等朱宸濠回到南昌，我已夺下南昌。这样一来，叛军的士气定会低落，我军再乘胜攻击，必可大获全胜。"众将纷纷赞同王守仁的计划，一致同意攻打南昌。

王守仁立即集结兵力进攻南昌。果然不出王守仁所料，南昌的叛军势单力孤。经过几日的激战，王守仁攻克了南昌。

朱宸濠得知南昌失守，大惊失色，急令回师救援南昌。朱宸濠率军登舟，溯江而上。王守仁先把叛军的先锋船队引进埋伏圈，然后出兵大败叛军。朱宸濠增兵再上，结果又败下阵来。朱宸濠并不甘心，收拢各部舟船，在江面上联结成一个方阵，以求固守。王守仁见状，便用火攻，一把大火把朱宸濠的船队烧成灰烬。

王守仁在安庆被围的危急时刻，采取围魏救赵的办法，解除困境，而且还攻占了叛军的根据地，使叛军士气衰落，连战连败，最后全军覆没。

太平军巧施围

1860年，太平天国都城天京被清军围困已久，城内粮食不足，浦口即将沦陷，形势严峻。为了打破清军包围，忠王李秀成提出"围魏救赵"的策略，让太平军先轻兵进攻清军的粮饷重地杭州，迫使清军分兵去救，而太平军乘清兵江南大营空虚之际，急击江南大营，以解救天京之围。

李秀成率军昼夜兼程，直逼杭州。清军江南大营统帅和春得知这一消息，立即派总兵张良玉、浙江提督郑魁士出兵援助杭州，抽调精兵一万三千余人，使江南大营的兵力大大削弱。

李秀成见和春中计，便在杭州城上插满太平军的旗帜，虚设疑兵，暗中却"金蝉脱壳"，退出了杭州。而清军疑心城中有埋伏，不敢进城。

李秀成撤出杭州后，急奔天京，攻击清军的江南大营。天京城内的太平军从内响应，内外夹击，把江南大营全部捣毁。和春见大势不好，仓皇奔逃。太平军乘胜追击，攻占了常州、无锡、苏州等地，歼、俘敌人五六万。和春兵败自杀。

第三计　借刀杀人

借刀杀人原指不用自己的刀,而借用别人的刀去杀人。比喻自己不出面,借别人之手去害人。保存自己的实力,巧妙地创造和利用各种矛盾,千方百计地诱使别人出击,借第三者的力量去消灭自己的敌人,这是本计策的精髓所在。

原　文

敌已明,友未定①,引友杀敌②,不自出力,以《损》推演③。

【按语】敌象已露,而另一势力更张,将有所为,便应借此力以毁敌人。如:郑桓公将欲袭郐,先向郐之豪杰、良臣、辨智、果敢之士尽书姓名,择郐之良田赂之,为官爵之名而书之,因为设坛场郭门之处而埋之,衅之以鸡猪,若盟状。郐君以为内难也,而尽杀其良臣。桓公袭郐,遂取之。(《韩非子·内储说下》)

诸葛亮之和吴拒魏,及关羽围樊、襄,曹欲徙都,懿及蒋济说曹曰:"刘备、孙权外亲内疏,关羽得志,权必不愿也。可遣人劝蹑其后,许割江南以封权,则樊围自释。"曹从之,羽遂见擒。(《长短经·格形》)

注　释

①敌已明,友未定:指打击的敌对目标已经明确,而盟友的态度却一时尚未确定。

②引友杀敌:引诱盟友,借助其力量去消灭敌人。引,引诱。

③以《损》推演:根据《损卦》"损下益上""损阳益阴"的逻辑去推演。

译文

敌人已经明确，盟友的态度尚在犹豫之中，这时应（极力、设法）诱使盟友去攻打敌人，而非自己出力。这是从《损卦》的卦义中推演出来的。

【按语】敌人的情况已经明了，而与此同时还有另外一种强大的力量在扩张，将要有所行动，这种情况下，应借用这一强大的力量去消灭敌人。就好比郑桓公在将要攻打邻国之时，先将邻国的豪杰、良臣、辩智、英勇果敢之士的名单列了出来，并公开张贴布告，说将要选取邻国的良田赠送给他们，给他们封各种名称的官爵，并在城郊设起祭坛，把名单埋在地下，用公鸡、公猪做祭品，装出一副盟誓的样子。致使邻国国君误以为国内的这些豪杰、良臣都要勾结郑国作乱，便按照以上公布的名单把他们一个个杀掉了。看到邻国豪杰、良臣都已被除尽，桓公便立即攻打并占领了邻国。(参见《韩非子·内储说下》)

又好比诸葛亮与吴国结盟，抗拒魏国。当关羽围攻魏地樊城、襄阳时，曹操打算迁都，司马懿及蒋济劝曹操道："刘备、孙权表面上是亲戚，其实彼此都心存芥蒂。关羽得志，孙权却不甘心。因此，可以派人跟随孙权身后做说客，答应将江南的土地割让出来封给孙权，这样，樊城之围将自然解除。"曹操听从此计，关羽终于兵败麦城，束手就擒了。(参见《长短经·格形》)

计名探源

"借刀杀人"的思想由来已久，《易经》六十四卦中的《损卦》就包含这种思想。《损卦》里说："损下益上，其道上行。"意思是"损"和"益"不能截然划分，二者可以互相转化。"借刀杀人"这个词出现较晚，学界一般认为出自明朝汪廷讷的戏剧《三祝记》中《造陷》一回中"恩相明日奏仲淹为环庆路经略招讨使，以平元昊，这所谓借刀杀人"一句。这出戏的主要内容是范仲淹的政敌密谋,让没有任何打仗经验的范仲淹领兵征讨西夏,借西夏人的手除掉范仲淹。

【延伸阅读】

一桃杀三士

春秋时期,齐国有田开疆、古冶子、公孙接三名勇士,很得齐景公的宠爱。这三个人矜功恃宠,目中无人。这时一伙乱臣趁机把他们收买过去,阴谋夺取政权。相国晏婴眼见这种恶势力逐渐扩大、危害国政,时刻担忧。他屡次想把这三个人除掉,又怕齐景公不依从。

一天,鲁昭公带着国相前来谒见齐景公,齐景公设宴款待,让相国晏婴负责司礼,文武官员全体列席,三位勇士也奉陪左右。酒过三巡,晏婴奏请去御园摘些蟠桃来宴客。不一会儿,桃摘回来了。两位国王和国相各吃一个后,盘里只剩下两个桃子。晏婴请示齐景公,传谕两旁文武官员,着各人自报功绩,功高者得食此桃。

公孙接首先自夸起来,说:"从前我跟主公打猎,打死一只吊眼白额虎,解了主公的围,这功劳大不大呢?"晏婴说:"这是擎天保驾之功,应该受赐!"

古冶子也站起来说:"我当年在黄河斩妖龟之头,救回主上一命,你看这功劳怎样?"齐景公说:"那次若不是将军相救,怕是一船人都要溺死了!"说着,便把剩下的桃和酒赐给他。

另一位勇士田开疆却说:"本人曾奉命去攻打徐国,逼徐国纳款投降,威震邻邦,为国家奠定了盟主地位。这算不算功劳?"晏婴说："田将军的功劳确比公孙接和古冶子两位将军大十倍，但可惜桃已赐完了。"

田开疆大声嚷了起来："我为国家跋涉千里，血战功成，反被冷落，而且在两国君臣面前受此侮辱，为人耻笑，还有什么脸面见人？"立即拔剑自刎而死。公孙接亦拔剑而出，说："我们功小而得到赏赐，田将军功大，反而吃不着桃，于情于理，绝对说不过去！"顺手一剑，也自刎了。古冶子激动得几乎发狂地说："我们三个人是结拜兄弟，誓同生死，今二人已亡，我又岂可独生？"话刚说完，人头已经落地。

晏婴巧用计策，不用自己动手，便除掉了这三个人。从此以后，晏婴便顺利地把奸党逐个收拾，畅通无阻地施展他的伟大抱负。

周瑜借刀杀蔡、张

东汉末年，曹操和孙权在长江隔江对峙。曹操有八十万大军，孙权仅有五六万兵，形势十分严峻。

孙权的都督周瑜知道北军不善水战，想先除掉曹操的水军都督蔡瑁、张允，却一直无计可施。这二人原是刘表部下投降于曹操的，熟悉水战，对北军的水战至为重要。

周瑜正在帐中议事的时候，有人传报同窗蒋干到访，周瑜便笑着对众人说："曹操的说客到了。"

周瑜整理衣冠出迎，一见蒋干就问："子翼（蒋干的字）隔河来访，是不是来做说客，劝我向曹操投降？"

蒋干一听，假意道："我与你分别已久，特来叙旧，你怎么疑心我是说客呢？"

周瑜把蒋干请入帐去，传令各文武将士入帐与蒋干见面。接着大摆筵席，故意对各将士说："蒋先生是我的同窗挚友，虽是从江北来的，却不是曹操的说客，各位不要见疑！今日老友来了，我们大家喝个痛快，不醉不归！"

蒋干惊愕，不敢说些什么。周瑜又说："我自领军以来，从没有饮过酒，今日见了老友，理当饮到不醉不归！"

说罢大笑畅饮。座中觥筹交错，热闹非凡。

夜深了，蒋干不胜酒力，于是告辞。周瑜诈做大醉之状，挽住蒋干说："我很久没有和子翼同床了，今晚要和你抵足而眠。"

军中已打过二更了，蒋干如何睡得着？蒋干起身一看，发现周瑜正鼻息如雷。他又看见帐内的桌子堆着一卷文书，便蹑手蹑脚地走过去偷看，见都是来往书信，其中有一封写着"张允、蔡瑁谨封"。蒋干急取出一看，上面写着："某等降曹，非图仕禄，迫于势耳。今已赚北军困于寨中，但得其便，即将曹贼之头，献于麾下……"

蒋干大惊：原来张允、蔡瑁竟有这般阴谋。然后，他将此信藏在身上。

五更时，蒋干乘小船回到江北去见曹操，说起周瑜雅量高致，说服不来，曹操责他无能，反为东吴所笑。

蒋干说："我虽不能说服周瑜，却与丞相探得一件要紧事！"

蒋干取出那封信来交给曹操，并将事情经过逐一说与曹操。

曹操大怒，立即命人将蔡瑁、张允叫来帐中，厉声说道："我命你二人今日进军东吴！"蔡、张二人不明就里，便回禀道："目前水军尚未练熟，不可轻进。"曹操听罢大怒，喝道："等到水军练熟，我的首级早已献给周瑜了吧！"蔡、张听了这话，一时摸不着头脑，惊慌疑惑，不知如何对答。正在犹豫之时，曹操已下令将二人立即推出辕门斩首了。

曹操省悟过来，才知道自己中了周瑜借刀杀人之计，却为时已晚、后悔莫及了。

宋太祖智杀敌臣灭南唐

宋太祖赵匡胤在灭掉南汉之后，想要继续进攻南唐。南唐后主李煜昏庸无能，整天沉湎于酒色，不理朝政，南唐国力衰弱。

但宋太祖却不敢轻举妄动，因为南唐有一名勇猛无比的武将名叫林仁肇。宋太祖将林仁肇视为眼中钉，一直想设计除掉他。

971年，李煜派其弟李从善前来朝贡。宋太祖忽然心生一计，当即热情款待李从善，并想将他留下任泰宁军节度使。李从善不敢擅自做主，便回报李煜。李煜正好想通过李从善探听一些宋朝的情况，便同意他在宋朝任职。

宋太祖又派一名使者到林仁肇那里，使者贿赂林仁肇的仆人，搞到了一张林仁肇的画像。宋太祖命人把画像挂在自己的别室中。

一天，李从善来见宋太祖，侍臣把他领到别室。李从善看到林仁肇的画像，不解地问道："这是武将林仁肇的画像，怎么会挂在这里？"侍臣支支吾吾，欲言又止，半天才说："皇上爱惜林仁肇的才能，下诏书让他来京城，他已经答应投降，先送来画像作为信物。"侍臣又指着附近一座华美富丽的房子说："听说皇上准备把

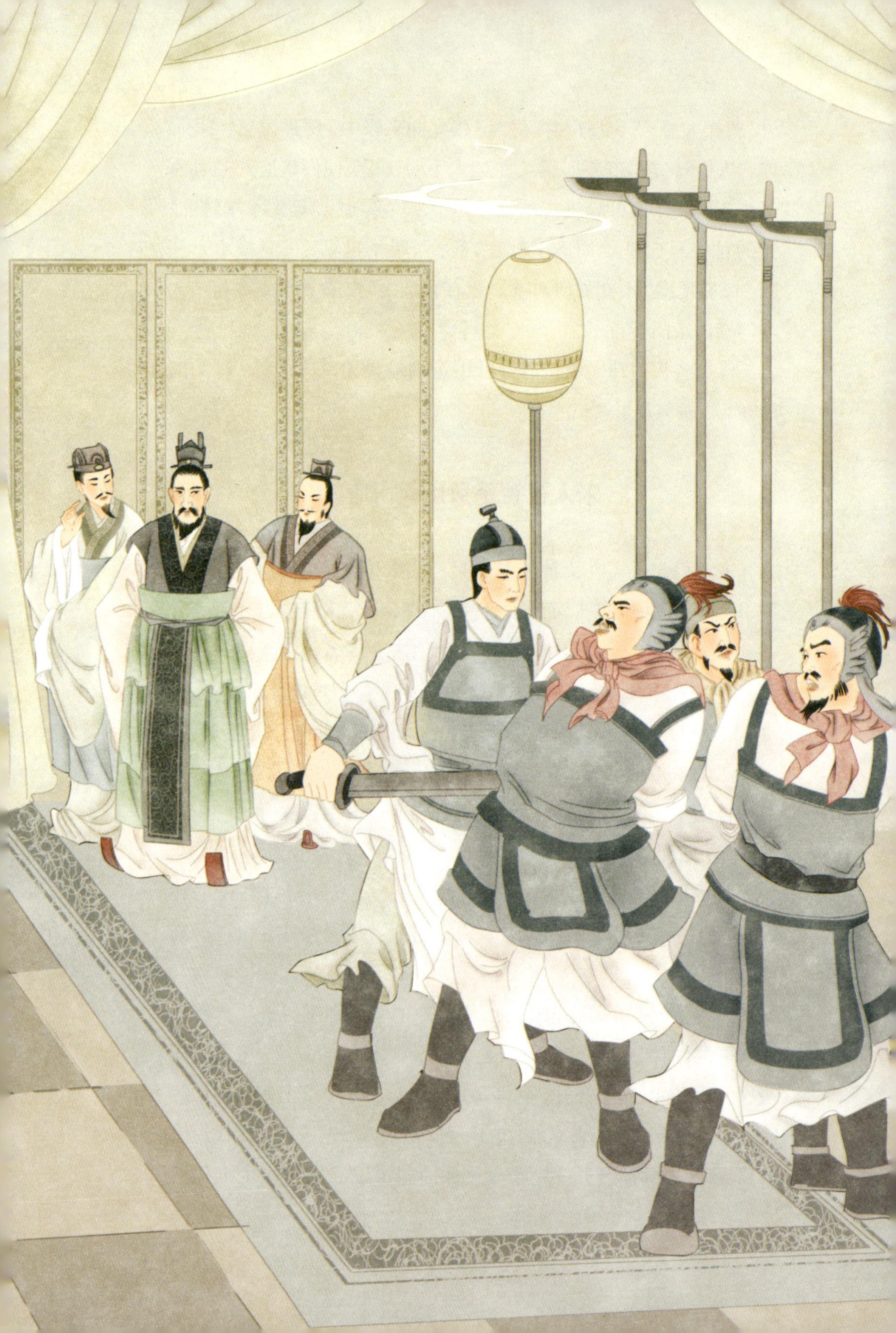

这所房子赐给林仁肇呢！"

　　李从善立即回江南向李煜报告了此事。李煜信以为真，认为林仁肇怀有二心，便暗中命人在其酒里下了毒，将他杀死。

　　宋太祖听说林仁肇已死，立即发兵攻打南唐，很快就灭了南唐，统一了中原。

第四计　以逸待劳

以逸待劳的逸是安闲的意思，劳是疲劳的意思。以逸待劳的本义是指用修整好的军队攻打疲惫不堪的军队，后指作战时采取守势，养精蓄锐，等敌人疲惫之时再迎头痛击。此计强调的是：积极调动敌人，创造战机。要让敌人陷于困顿之中，不一定非要进攻，关键在于适时掌握主动权，以静制动。

原　文

困敌之势①，不以战；损刚益柔②。

【按语】此即致敌之法也。兵书云："凡先处战地而待敌者佚，后处战地而趋战者劳。故善战者，致人而不致于人。"（《孙子·虚实篇》）兵书论敌，此为论势，则其旨非择地以待敌，而在以简驭繁，以不变应变，以小变应大变，以不动应动，以小动应大动，以枢应环也。如：管仲寓军令于内政，实而备之（《史记·管晏列传》）；孙膑于马陵道伏击庞涓（《史记·孙子吴起列传》）；李牧守雁门，久而不战，而实备之，战而大破匈奴。（《史记·廉颇蔺相如列传》）

注　释

①势：情势，趋势，这里主要指军事态势。

②损刚益柔：语出《易经·损卦》："损刚益柔有时。"《损卦》为兑下艮上，是由《泰卦》乾下坤上变来的。《泰卦》的九三变为《损卦》的上九，而《泰卦》的上六则变为《损卦》的六三，说明由《泰卦》变为《损卦》是损乾益坤、损刚益柔的结果。但这种损刚益柔只要因时也会吉利。

译文

迫使敌人处于困难的局面，不一定用直接进攻的手段，而可采取疲惫、消耗敌人的手段。可以根据《易经·损卦》中刚柔互相转化的原理来使敌人由强变弱，从而使我方由弱变强。

【按语】这是调动敌人的方法。兵书上说："凡是先在战场上等着敌人来的人轻轻松松，而后赶到战场上来的人疲惫不堪。所以善于打仗的人，制人而不受制于人。"（参见《孙子兵法·虚实篇》）兵书上是在讨论制敌之法，这里是在讨论势——气势的势，不是让你蹲在那里等敌人来，而是以简单驾驭繁杂，以不变应付万变，以小变应付大变，以不动应付动，以小动应付大动，把握事物的关键，从容应对。比如管仲寓军于内政事务之中，以扎扎实实加强战备（参见《史记·管晏列传》）；孙膑在马陵道伏击庞涓（参见《史记·孙子吴起列传》）；李牧坚守雁门关，久不出击，只为不断充实、装备自己，最终大破匈奴。（参见《史记·廉颇蔺相如列传》）

计名探源

此计的计名出自《孙子兵法·军争篇》："以近待远，以佚待劳，以饱待饥，此治力者也。""佚"同"逸"。这句话的意思是说，在自己离部队较近的战场上等待远道而来的敌人，在自己部队得到充分休整的状态下等待疲惫不堪的敌人，在自己部队吃饱肚子的情况下等待饥饿的敌人，这就是正确掌握军力的方法。又有《孙子兵法·虚实篇》云："凡先处战地而待敌者佚，后处战地而趋战者劳。故善战者，致人而不致于人。"意思是说，凡是先到达作战地点等待敌人的，就会从容、主动。凡是后到达作战地点被迫应战的，就一定疲劳、被动。所以，善于打仗的人，总是调动敌人，而不会被敌人调动。

【延伸阅读】

曹刿三通鼓胜齐

春秋时期,齐王拜鲍叔牙为大将,率兵侵犯鲁国。鲁庄公惊慌失措,便问大臣施伯:"齐国太欺负人了,有什么办法可以抵抗呢?"

施伯于是向庄公举荐了曹刿。曹刿是一位隐士,没有做过官,可是施伯却认为他有将相之才。

曹刿随施伯去见鲁庄公。庄公问:"你有什么办法可以抵抗齐国的侵略呢?"

曹刿答:"战争的情况是变化莫测的,不可妄下结论,我愿随军参战,也许可以随机应变,设计制胜。"

庄公同意了,便让他做参谋,二人同坐一辆战车,来到长勺和齐军对战。

齐将鲍叔牙见鲁军出迎了,立即下令全面出击,展开攻势。

庄公很慌张,欲下令击鼓出击。曹刿立即制止,说:"不行!敌人气势正盛,我们必须严阵以待,不能硬拼!"于是传令偃旗息鼓,坚守阵地。

齐军冲锋过来,却碰了钉子,冲不进去,只得退下;过了一会儿,齐军再次击鼓冲锋,鲁军依然按兵不动,齐军只好又退下来。

鲍叔牙得意地说:

"鲁军一定害怕了，两次挑战都不敢接招，如果我们再来一轮冲锋，哈哈，他们不逃跑才怪！"

鲍叔牙紧接着第三次下令冲锋，战鼓又像雷一样响起来。这时齐兵心里认为敌军不敢出来，无形中斗志已松懈下去。

曹刿听到齐军的第三次鼓响了，便对庄公说："是时候了，下令冲击！"

鲁兵一闻鼓响，如猛虎扑食一样冲了出去。齐兵毫无防备，措手不及，被杀得七零八落，仓皇而逃。

庄公大喜，忙下令乘胜追击。曹刿又加以制止："别急！等一会儿。"说完，曹刿下车去察看地上的车辙马迹，又登上战车，眺望齐军，然后说："可以追击了！"鲁军追杀了三十里，把齐军狠狠地赶回去了，俘获了很多战利品。

战后，庄公询问曹刿制止他出击的原因。曹刿说："作战，靠的是士气。第一次鼓响，是士气最旺盛的时候，千万不可与其硬拼；第二次鼓响，又碰不到对手，士气就开始松懈了；到了第三次鼓响，士气就耗尽了，战斗力减少了大半。而我军气势正盛，所以才打败了他们。"

庄公又问曹刿为什么不让他乘胜追击。

曹刿又解释道："齐军诡计多端，他们败走，说不定设有伏兵。我下车去看到他们的车辙是混乱的，可知他们是狼狈而逃，又上车去看到他们队形是乱的，军旗也歪了，这才放心进军。"

第五计　趁火打劫

趁火打劫的本义是趁别人家里失火，一片混乱、无暇自顾的时候，去抢人家的财物。比喻乘人之危，谋取私利。此计的要义在于：当对手处于危难之中，自顾不暇的时候，我方趁机出手，谋取平时难以得到的利益。这一计策虽然看起来不那么光明磊落，却是屡试不爽的破敌良策。

原 文

敌之害大①，就势取利，刚决柔也②。

【按语】敌害在内，则劫其地；敌害在外，则劫其民；内外交害，则劫其国。如：越王乘吴国内蟹稻不遗种而谋攻之，后卒乘吴北会诸侯于黄池之际，国内空虚，因而捣之，大获全胜。（《国语·越语下》）

注 释

①害大：这里是指遇到严重灾难，处于困难、危险的境地。

②刚决柔也：乘刚强的优势，坚决果断地战胜柔弱的敌人。决，冲开，去掉，这里引申为摒弃，战胜。

译 文

敌人的处境艰难，我方正好乘此有利时机出兵，坚决果断地打击敌人，以取得胜利。这就是"以刚克柔"的方法。

【按语】敌人遭遇内乱，就乘机占领其土地；敌人遭受外患，就乘机掠夺其民财；敌人内忧外患，就乘机占领其国家。例如：越王勾践乘吴国国内遭遇大旱灾,连螃蟹和稻谷的种子都缺乏的困境下,乘机策划进攻吴国。后来,吴王夫差率领精锐部队北上到黄池与诸侯会盟,越王勾践趁吴国国内空虚的大好机会,大举进攻吴国,最后大获全胜。(参见《国语·越语下》)

◆◆ 计名探源 ◆◆

《孙子兵法·计篇》云"乱而取之",已有"趁火打劫"的思想。趁火打劫一词最早出现在明朝吴承恩的小说《西游记》中,其中第十六回说:"正是财动人心,他也不救火,他也不叫水,拿着那袈裟,趁火打劫,拽回云步,经转山洞而去。"这句话说的是黑熊怪趁寺院着火,偷走唐僧的宝贝袈裟一事。

【延伸阅读】

乘内乱扫除袁氏兄弟

袁绍在官渡之战中惨败，之后忧愤而死，这虽然对袁氏一族来说是一个沉重的打击，但是袁绍的三个儿子和一个女婿还手握重兵，对曹操来说，袁氏存在威胁。曹操打算将他们逐个击破，消灭袁氏的残余势力。

曹操首先进攻袁绍长子袁谭，袁谭抵挡不住，便向已继承了父位的袁绍幼子袁尚求助。由于二袁合兵，相持数日，曹军仍无法取胜。曹操无奈，被迫撤兵，转而征讨刘表。

袁谭想乘胜追击，袁尚因对其心存芥蒂，便不同意，二人矛盾升级，又为了争夺继承权大打出手。袁谭兵败，退回平原，袁尚便围攻平原，袁谭只好向曹操求援。

这时曹操和他的谋士们认为，如果二袁和好，就会力量倍增；如果其中一人独揽大权，形成统一的局面，那么袁氏的势力也会日益壮大。所以，曹操决定乘二袁内乱之机出击，取渔人之利。最后，曹操消灭了袁谭的势力，紧接着又消灭了袁尚、袁熙的势力。河北的冀、青、并、幽四州全部被曹操占领。

清兵入关

明朝末年，经济衰退，政治腐败，百姓生活在水深火热之中。明朝最后一位皇帝崇祯虽然勤于朝政，但是喜欢猜忌别人，又信任奸臣，使得贤臣良将根本无法在朝中立足，连名将袁崇焕都被他下令杀掉了。此时的大明，已经走向了灭亡的边缘。

1644年，李自成率领农民起义军一举攻陷了北京城，建立了大顺政权。可是政权建立后，起义军的首领们很快就犯了致命的错误，他们被胜利冲昏了头脑，开始享乐，不顾百姓的死活。

　　当时地处东北的大清政权一直对中原虎视眈眈，但是明军坚守山海关，阻挡着清军的进攻。此时的山海关总兵是吴三桂，他本是个势利小人，见风使舵惯了，看到明朝的灭亡已成定局，便想投靠大顺农民政权。

　　但是想不到，李自成在攻占了北京后，产生了骄傲自满情绪，对于吴三桂这样手握重兵的明朝将领，李自成不但没有去拉拢，反而抄了吴三桂的家，还杀了他的父亲。

　　吴三桂得到消息后十分愤怒，想要为父报仇，消灭李自成。可吴三桂知道自己的实力还不足以和李自成对抗，于是下定决心，引大清军队入关，借助清军的力量消灭李自成。

　　当时的大清皇帝是只有七岁的顺治，摄政王多尔衮才是实际的掌权者。多尔衮时刻都在关注着中原的变化，对于入主中原他早已迫不及待。当多尔衮得知吴三桂要放清兵入关联手消灭李自成的时候，欣喜若狂。多尔衮迅速集结军队，与吴三桂联手，一进山海关，只用几天的时间就打到京城，赶走了李自成，奠定了清军占领中原的基础。

　　多尔衮趁着明朝末年政治腐败、民不聊生的时候进攻明朝，加速了明朝的灭亡，是典型的"趁火打劫"。

第六计　声东击西

声东击西的本义指声称要去攻打东边，实际上却去攻打西边。比喻制造假象，忽东忽西，即打即离，似可为而不为，似不可为而为之，引诱敌人做出错误判断，然后趁机歼灭敌人，出奇制胜。此计的要点在于我方的企图和行动要绝对保密。

原文

敌志乱萃①，不虞②，坤下兑上之象③，利其不自主而取之④。

【按语】西汉，七国反，周亚夫坚壁不战。吴兵奔壁之东南陬，亚夫便备西北。已而吴王精兵果攻西北，遂不得入（《汉书·周勃传》附）。此敌志不乱，能自主也。汉末，朱隽围黄巾于宛，张围结垒，起土山以临城内，鸣鼓攻其西南，黄巾悉众赴之。隽自将精兵五千，掩其东北，遂乘虚而入。此敌志乱萃，不虞也。然则声东击西之策，须视敌志乱否为定。乱，则胜；不乱，将自取败亡，险策也。

注释

①敌志乱萃：敌人神志慌乱，一会儿散乱，一会儿聚集，失去明确的主攻方向。萃，聚集，与"乱"相对。

②不虞：意料不到。虞，预料。

③坤下兑上之象：《易经·萃卦》中下卦为坤，上卦为兑。此卦三阴聚于下，二阳聚于上，各依其类以相保，群阴虽处致用之地，高居最上之位，都为了保阳，所以《萃卦》六爻都说"无咎"。如果使这种群阴保阳

的局面受到扰乱,就将祸乱丛生,有意料不到的困难与危险。

④利其不自主而取之:敌人不能把握自己的前进方向,对我方有利,应趁机进攻、打击敌人。

译 文

敌人意志混乱,不能正确预料和应付事情变动和复杂局面,这就是《易经》中所说的混乱危殆的征象。要利用敌人这种不能自主的时机,对敌人发起攻击。

【按语】西汉景帝时,吴、楚等七国联合发动叛乱,名将周亚夫奉命平乱,却坚壁不战。围城的吴兵向东南集结,作攻打城东南之形势,周亚夫却置而不顾,命部众重点防守西北。不久,吴军精锐果然向城西北发起攻击,因汉军有备,所以未能得手(参见《汉书·周勃传》)。这是敌方情志不乱,尚能自我控制的例子。汉末,朱儁率军把黄巾军围困在宛城,张开重围,修筑堡垒,并堆起土山,俯视城内,朱儁首先鸣鼓向城西南发起攻击,黄巾军果然全部赴西南拒战。朱儁乘势率精兵五千猛攻城的东北角,得以乘虚击入。这一战例,便是敌方情志混乱且憔悴,不能正确预料和判断形势发展的典型战例。如此看来,声东击西策略的运用,必须依敌方情志是否混乱而定。敌方情志混乱,运用声东击西的作战策略,就能够取得胜利;敌方情志不乱,运用声东击西的作战策略,那将自取败亡,在这样的情况下,声东击西是一种很危险的策略。

计名探源

此计的计名出自《淮南子·兵略训》,云:"故用兵之道,示之以柔而迎之以刚,示之以弱而乘之以强,为之以歙而应之以张,将欲西而示之以东。""歙"有收合之意。这句话的意思是说,用兵的原则是对敌人先佯做柔弱的样子,实际上却以强大的军事力量去打击他;向敌方显示我军的弱小，实际上却用强硬的势态将敌方压倒；对敌人先做出收缩的样子，实际上却大张旗鼓地进攻；准备向西面进攻，而先佯做向东进攻的假象。

【延伸阅读】

声东击西得两城

东汉刘秀称帝之后，派建威将军耿弇去讨伐军阀张步。为了抵抗耿弇，张步派其弟张蓝带二万精兵驻守西安（西安县是山东旧县名，西汉时置，故治在今山东淄博临淄西），又派各郡太守万余人驻守临淄，两地相距不远，互成掎角之势。

耿弇见西安城小而坚固，守城的全是精锐部队，而临淄虽大，却守军松懈，很易攻破。便准备采取声东击西的策略，命令全军五天后攻打西安。张蓝听到消息后日夜练兵，警戒严守。

到了第五天的半夜，耿弇却集合全军，下令攻打临淄。将士们都很诧异，认为大家早已为攻打西安做好准备，应攻打西安。耿弇说："西安守军听说我军要进攻它，日夜防守；而临淄军根本没有防备，我军可出其不意制胜。我军攻下临淄后，西安就孤立了，张蓝与张步隔绝，必定弃城而逃，我军便可以一举两得。如果先打西安，一时不能攻破,会增加我军伤亡。即使攻下西安,张蓝会退守临淄,两军会合,也不好对付。若我军深入敌境,拖上十几日,我军粮草就供应不上了。"众人这才明白其中奥秘。

于是,耿弇率军进攻临淄。果然,临淄被打个措手不及,不到半天就被攻下。张蓝听说后,果然弃城而逃。耿弇不费吹灰之力,又得一城。

孝文帝声东击西巧迁都

北魏都城平城地处塞外,交通闭塞,气候寒冷,风沙太大。北魏孝文帝拓跋宏早已对此不满,想要迁都,只是贵族大臣们安土反迁,都不愿意背井离乡,他只好暂时把迁都计划搁置起来。

后来,孝文帝想出了一条妙计,说:"我们不能总是困守北方这一小块地方,也要入主中原,发展我们的势力。"他颁下旨令,召集群臣,宣称要南下攻齐。任城王拓跋澄反对攻齐,认为北魏兵力不足,而攻齐征途遥远,劳民伤财,而且北方人不服南方水土。群臣大都赞同拓跋澄的意见。孝文帝怒气冲冲地走了。

孝文帝回到宫中便召见拓跋澄,把左右人员屏退,悄声对拓跋澄说:"我并不是真的要攻打齐国,我只是想通过攻齐这个办法让群臣们避其难而造其易,借此迁都洛阳。平城地处塞外,是用武之地,难以长治久安。你认为如何?"拓跋澄回答说:"陛下想迁都中原为家,以便经营天下,古时周、汉两朝就这样做才昌盛起来的,我完全赞同。"孝文帝又说:"北方人好恋故土,若迁都必遭群臣反对,我这样做不知可不可行呀。"拓跋澄说:"迁都乃国家大事,非同小可,人们有些议论也是正常的,陛下圣明,应当早做决断。"孝文帝听了,感慨道:"任城王真是我的张良啊!"

孝文帝计划已定,便开始伐齐。493年秋,孝文帝亲自率领步兵、骑兵三十万南征。大军到达洛阳，孝文帝带领大臣们参观西晋宫殿的遗址，指着那满目荒凉的景象，对大臣们说："西晋的皇帝不好好管理国家，导致国家灭亡、宫殿荒废。看了真让人伤感。"跟随的文武大臣们对太武帝拓跋焘南征刘宋、战败逃回的情景还记忆犹新。他们担心这次南征的结果也像过去一样，劳民伤财，毫无所获。

正当大臣们忧心忡忡的时候，孝文帝身披战袍，手执马鞭，准备继续前行。众大臣不愿意南进受苦，都纷纷跪在他的马头前劝阻他。他们说："如今大举伐齐，天怒人怨。陛下为什么要独断专行呢？我们情愿冒死相谏。"孝文帝见状，认为施行迁都之计的时机到了，便对群臣说："我们这次南征，兴师动众，如果事情不能成功，用什么昭示后人呢？假如不向南讨伐齐国，也应当找个借口平息他人谤言，如果迁都到这里，各位认为怎么样呢？"南安王拓跋桢最不愿意南进伐齐，连忙说道："如果陛下现在停止南伐，迁都洛阳，正是我们的愿望、百姓的鸿福。"群臣纷纷响应。虽然有些贵族大臣不愿意内迁，但为了躲避南伐之苦，也就不再说什么了。

孝文帝运用声东击西之计，冲破北方贵族、群臣的重重阻挠，如愿迁都到洛阳。

第二套 敌战计

本套为处于势均力敌态势时所用计谋,共有无中生有、暗度陈仓、隔岸观火、笑里藏刀、李代桃僵及顺手牵羊六计。

"无中生有"是虚中有实、虚实结合之计,此计可使敌人真假难辨,用计者则可趁乱出击,令其措手不及;"暗度陈仓"是迷惑敌人的手段,用计者可乘虚而入,暗中行动。"隔岸观火"是以静制动之谋略,敌方危难之时,用计者沉着不动,坐观其力量衰减以致其灭亡;"笑里藏刀"者表面友善,实则暗藏杀机;"李代桃僵"需有牺牲,但要以最小的牺牲换取最大的胜利;"顺手牵羊"需要用计者把握时机,乘虚而入,获取利益。

第七计　无中生有

无中生有的本义是明明没有却说有，形容凭空捏造。此计的关键在于：真真假假，虚实变化，真中有假，假中有真。以假象掩盖真相，虚实互变扰乱敌人，使敌方判断失误，行动失误。

原　文

诳也，非诳也①，实其所诳也②。少阴、太阴、太阳③。

【按语】无而示有，诳也。诳不可久而易觉，故无不可以终无。无中生有，则由诳而真，由虚而实矣，无不可以败敌，生有则败敌矣，如：令狐潮围雍丘，张巡缚蒿为人千余，披黑衣，夜缒城下；潮兵争射之，得箭数十万。其后复夜缒人，潮兵笑，不设备，乃以死士五百砍潮营，焚垒幕，追奔十余里。（《新唐书·张巡传》《战略考·唐》）

注　释

①诳也，非诳也：虚假之事，又非虚假之事。诳，欺骗，迷惑。《武经三书·孙子·用间》把诳事作为"虚假之事"。

②实其所诳也：把真实的东西充实到假象之中。实，实在，真实。

③少阴、太阴、太阳：少阴可以转化为太阴，太阴也可以转化为太阳。这是阴阳变化之理。这里指的是虚实真假之间的相互转化。此句意为用大大小小的假象来掩盖真相。阴，指假象。阳，指真相。

译 文

　　用虚假情况迷惑敌人,但又不完全是虚假情况,因为在虚假情况中又有真实的行动。这就要运用虚实转化之理,用大大小小的假象来掩盖真相。

　　【按语】一开始是假的,后来又变成真的,这就是欺骗。欺骗不能太长久,因为容易被察觉,所以不能总是假的。无中生有,关键是变假为真。一无所有不能败敌,有所作为才能改变局面。就像安史之乱时,张巡为朝廷戍守雍丘,安禄山派令狐潮带兵围攻雍丘城。张巡收集秸草扎成千余个草人,在草人身上披上黑衣,趁着黑夜用绳子将草人吊下城墙。令狐潮让部队用弓箭攻击,于是张巡获得数十万支箭。第二天晚上,张巡又从城上往下吊人。令狐潮的军队大笑,并不当真,也就没有防备。于是,张巡趁机让五百名勇士杀入敌营,烧了敌军的大营,把令狐潮的军队追杀了十余里远。(参见《新唐书·张巡传》《战略考·唐》)

三十六计 解析 ◎ 第二套 敌战计

计名探源

计名出自老子《道德经》第四十章："天下万物生于有，有生于无。"老子揭示了有与无相互依存、相互变化的规律。战国时期军事家尉缭子把老子的辩证法思想运用到军事上，进一步分析虚无与实有的关系。《尉缭子·战权》中说："战权在乎道之所极，有者无之，安所信之？"尉缭子主张以无的假象迷惑敌人，趁敌人对无习以为常之际，化无为有，化虚为实，出其不意，打击敌人。

【延伸阅读】

李广布疑云虎口逃生

"飞将军"李广带一百多名骑兵单独行动，路上望见匈奴骑兵几千人。而匈奴骑兵看见李广等只有一百多名骑兵，以为其中有诈，都很疑惑，于是奔驰到山地摆好阵势。李广的部下看见多于自己几十倍的敌人都很害怕，想要骑马逃跑。李广说："我们离开大队人马很远了，现在如果逃走，匈奴人必然追杀我们，那我们就会全军覆没。如果我们不逃走，匈奴人就会认为这是诱兵之计，不敢轻举妄动。事到如今，我们只有赌一把了。"于是李广命令所有骑兵前进，一下行进到离匈奴骑兵阵地二里的地方才停下来。

李广又命令说："大家解下马鞍休息。"李广手下的骑兵问："敌人众多，而且离得很近，万一他们出击，怎么办？"李广答："匈奴以为我们要往回走，然后好来追杀，现在我们偏要解下马鞍表示不走。"果然匈奴未敢出动。这时，匈奴队伍中走出一名骑白马的将领，试图监视李广。李广立即上马，与十几名骑兵厮杀，杀死了这名将领，然后又回到原处解下马鞍。等到天快黑了，匈奴骑兵一直感到很奇怪，不敢出击。

半夜，匈奴骑兵担心埋伏的军队要袭击他们，于是全部撤离。第二天清早，李广带领百余人平安返回大军。

张仪戏楚

公元前313年，秦国想要攻打齐国，但齐、楚两国已缔结了合纵联盟，秦国有些忌惮，便派大纵横家张仪去楚国游说楚怀王，试图离间楚国和齐国。

楚怀王盛情欢迎了张仪，张仪对楚怀王说："请大王和齐国断绝往来、解除盟约，秦国愿意把商於一带六百里的土地献与楚国，并将秦国的女子送与大王做侍妾，秦楚之间可以联姻，永远结为兄弟国家。这样一来，也可削弱齐国的势力。这是最好的策略了。"

楚怀王非常高兴，答应了张仪。谋士陈轸劝楚怀王不要轻信张仪。楚怀王说："我不费一兵一卒就可得到秦国六百里土地，还可以削弱齐国，并与强大的秦国结盟，如此一举三得的事，你为什么阻止我呢？"

陈轸回答："您恐怕想得太简单了，依臣看，您未必能得到商於一带的土地，而秦国和齐国很可能会联合起来，那样楚国可就危险了。

"秦国之所以对楚国有些忌惮，只是因为齐楚联盟。如今若与齐国断交，楚国就孤立无援了。秦国又怎么会白送六百里地呢？

"我们倒不如与齐国表面断交、暗中合作。派人跟随张仪去秦国，假如秦国真的把土地割让给我们，再与齐国断交也不迟。"

楚怀王被六百里土地的巨大利益所诱惑，根本听不进去，说："我主意已定，先生您不要再说了。"

于是，楚国便和齐国断交了。楚怀王把楚国的相印授给张仪，还馈赠了大量财物，派了一名将军跟着张仪到秦国去接收土地。

张仪回到秦国后，假装没拉住车上的绳索，从车上摔下来受了伤，一连三个月没上朝。楚怀王听说这件事，以为张仪是嫌楚国与齐国断交不彻底，便派人去往宋国，借了宋国的符节，到齐国辱骂齐宣王，齐宣王一气之下斩断符节，转而与秦国结交。

张仪上朝后，楚国使者来索要商於的六百里土地，张仪却说："我说的是将我俸邑的六里土地送给楚怀王，你们听错了吧？"

楚国使者回国后把张仪的话告诉楚怀王，楚怀王大怒，发兵攻打秦国。结果秦齐两国已结盟，共同攻打楚国，楚军大败，秦齐夺取了丹阳、汉中的土地。楚怀王正是中了张仪的无中生有之计，不但没有得到好处，反而失去了更多土地。

望梅止渴

195年，曹操统帅十余万大军，浩浩荡荡地去宛城征讨张绣。路上他们经过一片荒无人烟的地方，由于找不到水源，将士们已经三天没有喝到水了，时值初夏季节，烈日高照，闷热异常。将士们身穿铠甲，肩荷武器，还要拼命地向前赶路，都精疲力竭，烦渴难忍，一时间怨声载道。

曹操心急如焚，如果继续这样下去，军心就要不稳。突然，曹操急中生智，用马鞭指着前面，大声地对将士们说："我以前走过这个地方，记得前面有一片梅林，树上长满又酸又甜的梅子，我们快点走，取那些梅子解渴。"将士们听说有梅子，想起那股酸劲儿，顿时口舌生津，打起了精神。后来，他们又走了一段路，找到了一处水源，终于渡过了难关。

前方本来没有什么梅林，曹操却故意编造说前面有又酸又甜的梅子。然而就是这个编造出来的谎言，产生了同真实情况一样的效果。产生这种效果的原因，一是给了大家一个切近的目标，为追求这个目标，人的精神振奋起来；二是因条件反射，口舌生津，解了燃眉之急。这就是无中生有中的以假化真之计。

三十六计解析 第二套 敌战计

第八计　暗度陈仓

本计全称为"明修栈道，暗度陈仓"。本义是指韩信表面上大修栈道，表示要从栈道上过去，实际上暗中绕道奔袭陈仓。现指运用迂回战略，从敌人意想不到的地方、方向发起进攻；也比喻暗中进行活动。本计的特点在于：将真实的意图隐藏在不令人生疑的行动背后，从敌人意想不到的地方迂回进攻，出奇制胜。

原文

示之以动①，利其静而有主②，"《益》动而巽"③。

【按语】奇出于正，无正则不能出奇。不明修栈道，则不能暗度陈仓。昔邓艾屯白水之北，姜维遣廖化屯白水之南，而结营焉。艾谓诸将曰："维令卒还，吾军少，法当来渡而不作桥，此维使化持我，令不得还。必自东袭取洮城矣。"艾即夜潜军，径到洮城。维果来渡。而艾先至，据城，得以不破。此则是姜维不善用暗度陈仓之计，而邓艾察知其声东击西之谋也。

注释

①示之以动：利用敌方平静的时机做出作战的主张。动，行动，动作，这里是指军事行动。

②利其静而有主：利用敌人已决定固守的时机。静，平静。主，主张。

③《益》动而巽：表面上，努力使行动合乎常情；暗地里，主动迂回进攻敌人，必能有所收益。《易经·益卦》说："《益》动而巽，日进无疆。"

是说《益卦》下卦为震、为动，上卦为巽、为风、为顺。意思是说，行动合理、顺理，就会天天顺利，无有止境。益，收益。巽，动，前进。

译文

故意暴露行动，利用敌方平静的时机做出作战的主张，暗地里迂回到敌人的后面袭击，这就是《易经·益卦》所说的乘虚而入、出奇制胜的方法。

【按语】出奇制胜的用兵之法来源于常规的用兵原则，假若没有常规的用兵原则也就没有出奇制胜的用兵之法了。如果不假装去修栈道，就不能暗中奔袭陈仓了。三国时，邓艾驻军在白水北岸，姜维则派遣廖化驻扎在白水南岸。邓艾对几位将领说："姜维将军队撤回去了，我军人少，按理说他应该不等架桥就赶紧过江来攻击我们。而现在他们没有来架桥，这肯定是姜维利用廖化来把我们拖住，使我们不能返回。姜维必定自己率领大部队向东袭取洮城。"于是，邓艾连夜带部队从小路回到洮城。果不其然，姜维正在渡河。而邓艾领兵先一步到达，并全力据守洮城，洮城才得以保全。这就是姜维不善于运用"暗度陈仓"之计，而邓艾则识破了他"声东击西"的计谋。

◆◆ 计名探源 ◆◆

本计出自西汉司马迁《史记·淮阴侯列传》：

公元前206年，项羽自封"西楚霸王"，大封诸侯，把与自己不和的刘邦封到了偏僻的汉中（秦岭南边巴蜀一带）。为了防备刘邦今后有非分之想，项羽还把与汉中相邻的关中分成三部分，分别封给三名秦朝降将。直接与刘邦相接的雍王就是原秦将章邯。刘邦受封后，听从谋士张良的计策，快速率部入驻巴蜀，并把沿途栈道烧毁，意在向项羽宣示自己会老实待在汉中，没有夺取天下之意。不久，项羽到原齐国地区镇压反叛的田荣，刘邦即命韩信做好进攻关中的准备。为了蒙骗敌人，韩信派一些士兵前去修复栈道。章邯得知，认为修复栈道是无用之功，遂不加提防。韩信表面上派人修复栈道，实际上却暗中从故道奔袭陈仓。章邯仓促应战，大败，于是刘邦得以入关中谋取天下。

【延伸阅读】

邓艾偷袭灭蜀国

263年，魏国由司马懿的儿子司马昭执政。司马昭派邓艾和诸葛绪各统率三万兵马，派钟会带领十万兵马，分头出发，准备一举灭亡蜀国。

魏军很快就占领了蜀国好多地方。邓艾一直打到阴平（今甘肃文县西北）。蜀军统帅姜维赶紧带领人马，守住形势险要的剑阁，抵挡钟会的大军。

这时，钟会已经合并了诸葛绪的人马，兵力更加强大了。钟会兵力虽强，但剑阁地势险要，姜维死守，钟会一时攻不下。而此时魏军的军粮供应越来越困难，钟会便准备退兵。

邓艾上书说："蜀军连吃败仗，我们应乘胜追击。从阴平到蜀国的都城成都，有一条小路。我可领兵从小路打进去。若姜维把守卫剑阁的军队调过去抵挡，钟会便可乘虚而入。若姜维不调兵救援，我就可以直逼成都，一举消灭蜀国。"

10月，邓艾便从阴平出发了，他先让自己的儿子邓忠带领五千精兵，每人拿了斧头、凿子，走在最前面，逢山开路，遇水搭桥。邓艾则统率大军，带着干粮、绳索，紧跟在后面。一路山高谷深，荒无人烟，十分艰险。

邓艾的军队就这样花了二十多天，走了七百多里路。当走到马阁山时，道路断绝。当大家一筹莫展的时候，邓艾想了一个办法，命令大家先把武器和带的东西扔下去。他又用一条毛毡裹住身子，滚下了山坡。将士们鼓足勇气，学着邓艾的样子，滚了下去，然后找到了事先丢下去的武器等物品。等到部队集结完毕，邓艾带领两千多名将士，直扑江油城。

蜀国驻守江油城的将军马邈一直提防着大路方向的魏军，压根儿没料到邓艾会从背后出其不意地出现。

马邈措手不及，只好向邓艾投降了。邓艾领兵进入了江油城，然后朝绵竹进军。

驻守绵竹的蜀国将军是诸葛亮的儿子诸葛瞻。邓艾命令邓忠和另一名将领师纂去进攻绵竹。

魏军人数太少，吃了败仗。邓忠和师纂带领败兵回到大营，邓艾厉声说："我们现在深入敌后，一后退，便没有活路。生死存亡全在一举了！你们给我再去攻打，只许成功，不许失败！"

邓忠和师纂这回下了狠心，前去拼死命地猛打猛冲。从中午一直战斗到天黑，打死打伤蜀兵一大半。诸葛瞻和他的儿子诸葛尚都战死了，魏军占领了绵竹。

最后，蜀国皇帝刘禅投降，蜀国灭亡。

三十六计解析◎第二套 敌战计

裴行俭暗度陈仓巧胜敌

唐高宗在位时，西突厥十姓可汗阿史那都支及西突厥首领李遮匐联合吐蕃造反，侵逼到了安西。唐朝要发兵征讨，裴行俭建议说："吐蕃叛乱，干戈未息，现今波斯王去世，他的儿子泥涅师在京城当人质，以致群龙无首。依我之见，差使节到波斯去册立泥涅师为王，便可平息叛乱。"唐高宗听从了裴行俭的话，命他将封册送去波斯。

裴行俭一行到了西州地界，当地人夹道欢迎裴行俭。裴行俭在这里招收了许多豪杰子弟，继续向西行进。不久，他们因天气太热停了下来，裴行俭对他的部下说："现在天气实在太炎热了，简直像蒸笼一样，先就地歇息吧，等秋天天气凉快一点，我们再继续前进。"

阿史那都支一直窥探着裴行俭的一举一动，听说裴行俭秋天再前进的消息后，也就不做任何防御的准备了。

裴行俭召集四镇诸蕃的酋长豪杰，对他们说："我过去曾来过此地，留下了很深的印象，一刻也不曾忘怀。现在，我想重温一下过去的时光，找一些人陪我再去打猎，谁愿陪我去？"这时，蕃酋子弟竟有一万多人愿意陪同前往。裴行俭假装要去打猎，训练队伍，没几天，就召集好了人马，但不是向打猎的方向去，而是向都支部落进发。

在离都支部落十余里的地方，裴行俭派人向都支问安，看起来并不像讨伐他们的样子，后又派人召见都支。都支原与李遮匐商量好了，等秋天时，双方联合军队与裴行俭的军队作战，突然听说裴行俭的军队已经临城，一时竟不知如何是好。在这样的局势下，反抗已无济于事了。裴行俭就这样轻而易举地擒获了都支等人，又传了都支的契箭，把各部酋长叫来请命，将他们一网打尽。

然后重整军队，乘胜前进。途中他们碰上李遮匐的使节，这些使节是来与阿史那都支商议联合作战一事的。裴行俭释放了李遮匐的使节，让他们告诉李遮匐，都支已束手就擒了，希望他们也放下武器，投归唐朝。李遮匐知道自己势单力孤，不是对手，就痛痛快快地投降了。

裴行俭的随行人员在碎叶城立了块碑，把这次战功记在了上面，流传后世。唐高宗对裴行俭的战功非常赞赏，说道："你带兵讨伐叛逆，孤军深入，途经万里，没损失一兵一卒，用计策打败叛乱分子，使他们归服唐朝，没有辜负我的厚望啊！"不久，又赐宴为裴行俭庆功，当面称赞道："爱卿真乃文武兼备，今故授卿二职。"即日，拜裴行俭为礼部尚书，兼检校右卫大将军。

第九计　隔岸观火

隔岸观火的本义指隔着河岸看对面失火。比喻对别人的危难袖手旁观，待其自毙，便从中取利。这一计策与坐山观虎斗以及鹬蚌相争、渔翁得利之意相近。实施这一计策的目的，不在于观火，而在于等待谋利的最佳时机。

原　文

阳乖序乱，阴以待逆①。暴戾恣睢②，其势自毙。顺以动《豫》，《豫》顺以动③。

【按语】乖气浮张，逼则受击，退则远之，则乱自起。昔袁尚、袁熙奔辽东，尚有数千骑。初，辽东太守公孙康恃远不服。及曹操破乌丸，或说曹逐征之，尚兄弟可擒也。操曰："吾方使斩送尚、熙首来，不烦兵矣。"九月，操引兵自柳城还，康即斩尚、熙，传其首。诸将问其故，操曰："彼素畏尚等，吾急之，则并力；缓之，则相图，其势然也。"或曰：此兵书火攻之道也。按兵书《火攻篇》前段言火攻之法，后段言慎动之理，与"隔岸观火"之意亦相吻合。

注　释

①阳乖序乱，阴以待逆：敌方众叛亲离，混乱一团，我方应静观以待其发生大的变乱。阳、阴，指敌我双方两种势力。乖，分崩离析。逆，混乱，暴乱。

②暴戾恣睢：穷凶极恶。

③《顺》以动豫，《豫》顺以动：语出《易经·豫卦》："《豫》，刚应而

志行，顺以动《豫》，《豫》顺以动，故天地如之，而况建侯行师乎？"《豫卦》坤下震上。顺以动，坤在下，是顺。震在上，是动。意思是说：阴阳相应，天地之间也能任你纵横，何况建诸侯国、出兵打仗呢？这些目的一定能达到。此处的意思是以欣喜的心情，静观敌方发生有利于我方的变动，以便顺势而制之。

译文

当敌人内部产生争斗、秩序混乱时，我方应静观待其发生变乱。敌人穷凶极恶，自相残杀，必然自取灭亡。这就是《豫卦》所说的"顺以动《豫》，《豫》顺以动"的道理。

【按语】当敌方内部出现混乱时，轻浮张扬，我威逼他，必然会遭到反击；退回来远远避开他，则对方内部矛盾在没有外部威胁时，就会爆发出来。当年袁尚和袁熙投奔辽东，还有几千人马跟随。那时，辽东太守公孙康就倚仗地势偏远，不肯归顺曹操。曹操击败乌丸后，有人劝说曹操讨伐公孙康，擒拿袁尚、袁熙。曹操说："我正要公孙康把袁尚、袁熙的首级送过来，不用麻烦出兵。"9月，曹操引兵从柳城回来，公孙康斩杀了袁尚、袁熙，把首级送过来了。众将问这是为什么，曹操说："公孙康一向防备袁尚等人，我威逼他，他们就合力回击；我不管他，他们就一定会自相残杀，这是情理之中的事。"有人说，这是《孙子兵法》中《火攻篇》的道理，《火攻篇》前半部分说火攻的方法，后半部分说谨慎行动的原则，与隔岸观火的意思是相符合的。

计名探源

此计的计名出自唐朝僧人乾康的诗《投谒齐己》，诗中有"隔岸红尘忙似火，当轩青嶂冷如冰"一句。其思想与《孙子兵法·火攻篇》中的"慎动之理"相吻合。孙子认为名君名将常用慎重的态度达成战争的目的,他们若无有利的情况或必胜之优势绝不起来作战行动,若非万不得已绝不采取军事行动。

【延伸阅读】

赵国隔岸观火

战国后期,秦将武安君白起攻下赵国十七座城池,向赵国国都邯郸进攻,赵国危在旦夕,国内一片恐慌。

平原君的门客苏代想出一计,赵王采取了他的计策。

苏代来到咸阳拜见应侯范雎,对范雎说:"武安君这次长平一战,十分威风,这样下去,恐怕将来会位居您之上呀!我为您担心啊。"苏代巧舌如簧,说得应侯沉默不语,过了一会儿,应侯问苏代自己该如何应对。苏代说:"赵国已危如累卵,拿下它是早晚的事。您何不劝秦王同意赵国议和,这样可以削弱武安君的兵权,您的地位就稳了。"

范雎立即面奏秦王:"秦兵劳已久,需要休整,不如暂时罢兵,同意赵国割地求和。"秦王答应了。然后,赵国献给秦国六城,两国停战。

白起突然被召回,心中不快,后来知道是应侯范雎的建议,对范雎更加心怀不满。

两年后,秦国再次攻赵,正赶上白起生病,于是秦王改派王陵前往。秦军久攻不下,损兵几万。秦王大怒,决定启用白起。白起说:"邯郸不易攻,而且现两国已议和,若进攻,会失信于诸侯。长平一战伤亡者众多,国内已空虚,因此此时不宜攻赵。"无奈,秦王只好又派王乾攻邯郸,仍久攻不下。秦王又派范雎去说服白起，范雎和白起矛盾颇深，白起便装病推辞。秦王大怒，强令其出兵，白起只好带兵上路。范雎对秦王说："我看白起心中十分不服，如果让他跑了，说不定会对秦国形成危害。"秦王听罢，派人赐剑白起，令其自刎。

白起拿到剑，仰天长叹："我有什么罪过？如今竟落得如此下场？"其实白起并无什么罪过，只是苏代从中挑拨，令秦国将相失和，赵国隔岸观火，使自己免于一难。

陈轸说服秦惠文王

战国时期，韩国和魏国常年交战，分不出胜负。秦惠文王想出兵干涉，谋士陈轸给他讲了坐山观虎斗的故事："有一次，卞庄子和一个童仆发现两只老虎正在争相撕食一头牛，卞庄子抽出宝剑想去刺虎。旁边的童仆阻止他说：'两只老虎正在吃牛，尝出美味后一定会争夺，争夺时必然互相厮斗，一定会有一方受伤，一方死亡。到那时你再追赶那只受伤的老虎，将它刺死。这样，你就不费吹灰之力一举擒获两只老虎。'现在，韩、魏两国相互争战，不分胜负，长此以往，结局一定是强国受损，弱国失败。然后大王再出兵攻打受损之国，这样秦国就能坐收取渔翁之利。大王，您以为如何呢？"

秦惠文王听罢，连连称妙。后来，韩国战败，魏国元气大伤。秦惠文王立即出兵进攻魏国，轻而易举地获胜了。

第十计　笑里藏刀

笑里藏刀的本义指笑容里面暗藏杀机。比喻和善的外表下，隐藏着阴险毒辣的企图。用"笑"使对方放松警惕，我方暗中策划，伺机行动。运用此计的关键在于"笑"字。笑必须自然真实，使敌人深信不疑。"笑"的目的是"藏刀"，"刀"一定要藏在"笑"里。"刀"可以明出，也可以暗出，一旦出鞘，要迅速果断。

原文

信而安之，阴以图之①，备而后动，勿使有变②。刚中柔外也③。

【按语】兵书云："辞卑而益备者，进也……无约而请和者，谋也。"故凡敌人之巧言令色，皆杀机之外露也。宋曹玮知渭州，号令明肃，西夏人惮之。一日，玮方对客弈棋，会有叛卒数千，亡奔夏境。堠骑报至，诸将相顾失色，公言笑如平时。徐谓骑曰："吾命也，汝勿显言。"西夏人闻之，以为袭己，尽杀之。此临机应变之用也。若勾践之事夫差，则意使其久而安之矣。

注释

①信而安之，阴以图之：表面上要做得使对方深信不疑，使其安下心来，暗地里却另有图谋。阴，暗地里。图，图谋。

②备而后动，勿使有变：备，这里指充分准备。变，这里指发生意外的变化。

③刚中柔外也：表面上软弱，内里却很强硬，表里不一致。

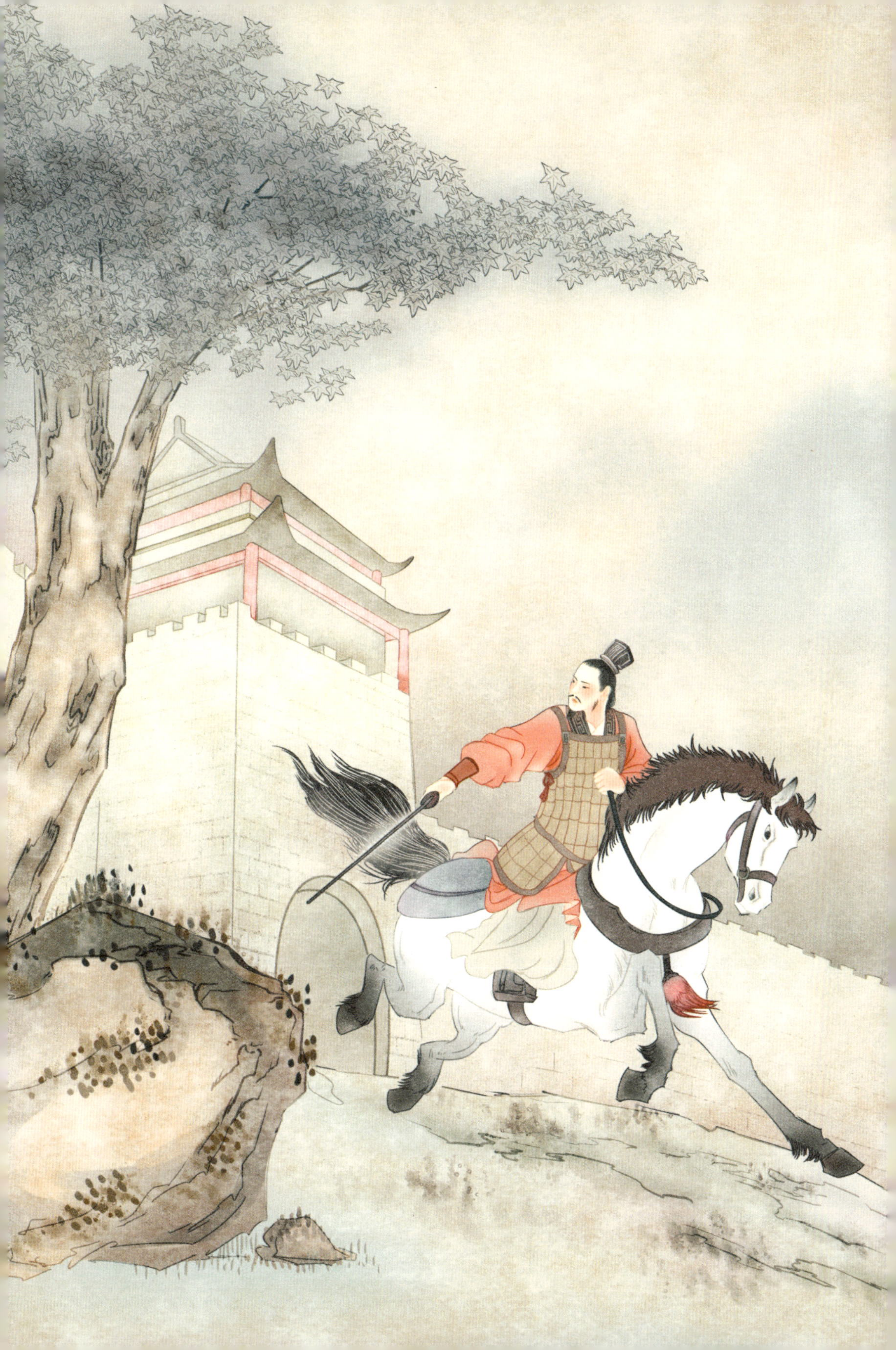

译文

表面上要做得使敌人深信不疑，从而使其安下心来，暗地里却另有图谋。要做好充分准备，然后再采取行动，不要使敌方发生意外的变故。这就是外表上柔和，骨子里却刚强的谋略。

【按语】兵书上说："敌方的言语谦卑，而实际上在加紧战备，这意味着他将要进攻……没有前约而主动来请求议和的，一定是一种阴谋。"所以凡是敌人花言巧语的行为，都是暗藏杀机的表现。宋朝曹玮在渭州做知州时，军纪严明，西夏人都很害怕他。有一天，曹玮正在同客人下棋，突然有几千名士兵叛变，逃到西夏去了。当边防侦骑前来报信时，许多部将都大惊失色，而曹玮却谈笑自如，好像没事一样，并且缓缓地告诉侦骑说："他们是遵照我的命令去做的，你不要声张！"西夏人听到这个消息，以为这些叛军是被派来杀他们的，就把他们都杀死了。这是曹玮临机应变谋略的应用。再如越王勾践被俘后臣服吴王夫差，竟使夫差长期受蒙蔽而丧失警惕，也是这个道理。

计名探源

本计的计名出自《旧唐书·李义府传》中的一段描述："义府貌状温恭，与人语嬉必怡微笑，而褊忌阴贼。既处权要，欲人附己，微忤意者，则加倾陷。故时人言其笑中有刀。"意思是说，李义府貌似温柔恭顺，与人交谈一定面带微笑，但其实是个阴险的小人。如果有人稍稍不如自己的意愿，就一定会加以侵害，所以当时的人都称他"笑中有刀"。

【延伸阅读】

成吉思汗识破诡计

1206年,铁木真成为蒙古部落的可汗,被尊称为"成吉思汗"。札木合看到成吉思汗的势力不断壮大,害怕自己受到威胁,因此一直想找机会除掉成吉思汗。

一天,成吉思汗带着一只猎鹰和一群士兵来到孛尔罕山打猎,札木合认为机会来了。札木合命人在成吉思汗狩猎归来的路上搭了一个帐篷,帐篷里挖了一个很深的陷阱,陷阱里插满了枪尖,然后在陷阱上面装上翻板,铺上地毯,还摆了一桌美酒佳肴,准备邀请成吉思汗过来。

成吉思汗是个重情义的爽快人,二话没说就赴约了。

进入帐篷后,札木合满脸堆笑地对成吉思汗说:"今天是祭盟之日,咱们开怀畅饮,不醉不归!来,请上座!"正要入座,成吉思汗的猎鹰突然飞下来,追逐一只钻进地毯里的老鼠。札木合大惊,连忙割了一块肉扔给猎鹰。这时,成吉思汗已发现地毯下设有陷阱,他准备将计就计。成吉思汗装作没事一样,对札木合说:"你是兄长,理应上座。"他

53

一边说一边用力将札木合推到座上，只听"扑通"一声，札木合掉进陷阱，发出凄厉的惨叫。

札木合虚情假意，笑里藏刀，想取成吉思汗的性命，以绝后患。而成吉思汗在危急时刻，并未惊慌失措，而是将计就计，使札木合落入他自己设下的陷阱。

假亲假和惑上除敌

北宋自神宗起用王安石变法，变法派和保守派的斗争很激烈，一直持续到北宋灭亡。被《宋史》列在《奸臣传》中的章淳就是在这样的社会背景下陷害吕大防的。

吕大防字微仲，"身长七尺，眉目秀发，声音如钟。自少持重无嗜好，过市不左右游目，燕居如对宾客。每朝会威仪翼如，神宗常目送之"。他年轻时曾任永寿县令，忠正朴直、体恤民艰，深受百姓爱戴。在政治倾向上，他基本上属于保守派。哲宗初立，高太后听政的元和年间，吕大防和范纯仁及司马光执掌朝政。吕大防为稳定朝政大局做出了很大贡献，深受哲宗信任。

高太后死，哲宗亲政后，变法派重新上台。但此时王安石已死，变法派缺乏高瞻远瞩、能统全局的领袖人物。章惇、蔡京等一批反复小人窃取了朝政。

吕大防作为保守派的骨干，受到了这些人的攻击。哲宗为了搞平衡，只好将他暂放外任。吕大防进宫向哲宗告别的时候，哲宗非常亲热地安慰他说："爱卿暂时归故乡，过一段时间就召你回朝。"但是正因为吕大防离开朝廷，离开了哲宗，便给贼臣章惇等人进一步倾陷提供了机会。

章惇等人得势后，想要彻底打击元老重臣。他们罗织元和旧臣的罪名，对司马光等已故之人皆加以追贬，对活着的人更不放过。

在这样的政治气候下，哲宗当然无法调回吕大防，但他始终未忘记这位忠直憨厚的老臣。一天，吕大防的哥哥吕大忠从渭州任所进朝，哲宗召见他，在谈完工作后，哲宗询吕大防安否，又说："执政欲迁诸岭南，朕独令处安陆。为朕寄声问之，大防朴直，为人所卖，三二年可复相见也。"吕大忠心中很感动，叩谢出门。

章惇听说吕大忠进见哲宗，就在朝门外等候，见吕大忠出来，忙过去亲热地打招呼，寒暄后问圣上有无要谕。吕大忠与吕大防一样，也是心直口快、肚子里装不住事的人，便把哲宗的话原原本本说了一遍。章惇听后，暗暗吃惊，表面却非常热情地说："我也正待令弟入京，好与他共议国是，难得上意如此，我可有一位好助手了，您静听好消息吧！"章惇回府，立即找来在御史台及三省中的心腹，分别上奏章，罗织吕大防及其他几位元老重臣的罪名，并奏称司马光罪大恶极，死有余辜；同党吕大防等罪与光同，尚存人世，处罚太轻，不足以示后世，应继续加贬。

由于三省及御史台各方面交相上奏，而且同时上奏的还有其他几人，哲宗也不知吕大忠泄露自己语言之事引发章惇报复的内情，便同时批复。

在继续加贬刘挚、苏辙、范纯仁等元和重臣的同时，吕大防也被再贬为舒州团练副使。此后，吕大防再也没能回到朝廷，七十一岁时老死贬所。

卫鞅行诈

战国时期，秦国派卫鞅（即商鞅）率兵攻打魏国，魏国派公子卬领兵迎战。双方势均力敌，僵持不下，卫鞅便想出了假讲和的计谋。

卫鞅派人送信给公子卬。信上说："我们曾交情甚好，我一直仰慕公子的才华和人品。如今，我一直不忍心打仗。我想请公子来帐中饮酒叙旧。我们订立一个盟约，使秦魏两国永远交好。"

公子卬收到卫鞅的来信，非常高兴，以为卫鞅真有诚意，随即赴约，谈判结盟。谁知，正当酒兴正浓时，早已埋伏好的秦兵将公子卬抓住了。公子卬这才知道自己中了计。秦军乘机向魏国出击，魏军大败，魏惠王只好割地求和。

第十一计　李代桃僵

李代桃僵的本义是指李树代替桃树受虫蛀而死，原比喻兄弟之间的爱护情谊，后用来比喻代人受过。军事上，指用甲来代替乙，或以劣势力的兵力牵制优势的敌人，以便为全局争取时间或提供有利条件。这是一种舍小保大的计谋，类似于象棋对局中的"丢卒保车"。

原文

势必有损①，损阴以益阳②。

【按语】我敌之情，各有长短。战争之事，难得全胜。而胜负之决，即在长短之相较；而长短之相较，乃有以短胜长之秘诀。如以下驷敌上驷，以上驷敌中驷，以中驷敌下驷之类，则诚兵家独具之诡谋，非常理之可测也。

注释

①势必有损：势，局势。损，损失。
②损阴以益阳：舍弃某一部分利益，使全局得到增益。阴，这里指局部利益。阳，这里指全局利益。

译文

当局势发展到损失已不可避免的时候，就要舍弃局部的利益，以求得全局的增益。

【按语】敌我的情况，各有优势缺点。军事战争，难得全胜，但有胜负的决定因素，就是优势和缺陷的相互比较。其中有以劣势兵力战胜优势兵力的秘诀。比如，用下等马对付敌人的上等马，用上等马对付敌人的中等马，用中等马对付敌人的下等马等类似的方法。这真是军事家独特的计谋，不是平常的道理可以推测的。

◆◆ 计名探源 ◆◆

本计语出《乐府诗集·鸡鸣》。诗中说："桃生露井上，李树生桃旁。虫来啮桃根，李树代桃僵。树木身相代，兄弟还相忘？"此诗的本义是借李树代替桃树受虫蛀，来比喻兄弟休戚与共的情谊。后人借成语"李代桃僵"，表示为借助某种手段，以一事物的损失、牺牲，来换取另一事物的安全、成功，以局部的牺牲换取全局转危为安。

【延伸阅读】

孙膑计败魏军

孙膑成功运用"围魏救赵"之计后，接着又用"李代桃僵"之计战胜了魏军。

当时的魏军分为三个纵队，一个强队，一个中队，一个弱队。齐将田忌仍想用赛马的方法，将自己的军队也分成三队，即一个强队，一个中队，一个弱队。作战时，用自己的弱队攻击敌人的强队，分别用自己的强队和中队去攻击敌人的中队和弱队。

然而，孙膑不同意这种做法，认为这次要以最小的损失去打败魏军。他建议用自己的弱队攻击敌人的强队，用自己的中队攻击敌人的中队。这样就会形成一个纵队是敌军占优势，一个纵队是势均力敌的局面，但这两个纵队都只是为了暂时牵制敌军。与

三十六计解析 第二套 敌战计

此同时，由他亲自率领强队迅速去攻击敌军的弱队。在取得胜利之后，就可以转而增援自己的中队，并与之一起战胜敌军的中队。随后强队、中队再与弱队会合，共同打败敌军的强队，事实证明，孙膑的策略是成功的。他暂时牺牲弱队，运用李代桃僵之计，保障了全局，保证了更大的胜利。

四姑娘舍己保义父

　　石达开是太平天国的一员名将。太平天国内讧之际，石达开受到太平天国将领韦昌辉的迫害，全家被诛，只得深夜逃走，带军向西南进发，途中救了一个名叫韩宝英的少女。她的父母被土匪杀害，得石达开为她报了仇，并帮她厚葬了父母。少女为了报答他，愿意委身于他。而石达开胸怀大志，况且身为军中主帅，不思建功而贪恋美色，如何能服众呢？石达开便只将她认为义女，称"四姑娘"。

　　四姑娘文才过人，聪颖敏捷，为石掌管文书工作，敏捷无匹，石达开平时颇以文事自诩，在四姑娘面前也自叹不如。一日，四姑娘告诉义父，要嫁给军中一位年轻文书马德良。石达开笑说："这马德良只晓得抄抄写写，没有什么大志，军中文武之才济济，你可以随便挑选，为什么独看重这个平庸之人？"四姑娘回答说："父亲说得我都明白，但女儿却有自己的想法，将来父亲也许会知

三十六计解析　第二套　敌战计

道。"原来这马德良的面貌和身材都酷似石达开,外人不细看很难辨别出来。

此后,石达开进入四川时遇到危险,在清军四面包围的时候,四姑娘对丈夫说:"此正是我报恩于父亲的时候了,这也是我当初为什么要嫁你的原因。"马德良害怕得发抖,不知该怎么办。四姑娘愤然说:"懦夫,你事到如今还贪恋妻儿吗?快与父王换衣服。"四姑娘说罢举剑欲自刎,然后回头对石达开说:"父亲,女儿今生不能再侍奉你了,来生再见。"

此时,马德良才觉悟,急与石达开换了衣服,他扮作石达开,向清军投降,石达开成功逃脱了。

第十二计　顺手牵羊

顺手牵羊的本义是指在路上看到一只羊，就顺手把它牵回家。比喻趁着别人不注意，就势顺走别人的东西或达成某事。本计策的要点在于：及时抓住敌人出现的漏洞，乘虚而入。要把握好战机，乘隙取利。

原　文

微隙[①]在所必乘，微利[②]在所必得。少阴，少阳[③]。

【按语】大军动处，其隙甚多，乘间取利，不必以战。胜固可用，败亦可用。

注　释

①微隙：微不足道的间隙。
②微利：微小的利益。
③少阴，少阳：阴，这里指疏忽、过失；阳，这里指胜利、成就。

译　文

敌人出现微小的漏洞，必须及时利用；发现微小的利益，也一定要争取到。即使是敌人的微小疏忽、过失，也要利用其来为我方的微小胜利服务。

【按语】敌人的大部队在调动的过程中，漏洞一定很多。利用敌人的疏忽便可获得利益，不一定要通过正规作战的方法。这个方法，在胜利形势下可以用，在失败的形势下同样可以用。

计名探源

本计语出《礼记·曲礼上》。原文有"效马效羊者右牵之"一句，郑玄注："用右手便。效，犹呈见。"孔颖达疏："马羊多力，人右手亦有力，故用右手牵挈之也。"这句话的意思是说，进献的马和羊用右手牵（因为这样很方便）。后世就用成语"顺手牵羊"比喻顺便行事，毫不费力。

【延伸阅读】

崔杼顺手牵羊除庄公

崔杼因迎立齐庄公有功，被封为上卿，执掌国政。庄公经常到崔杼府上饮酒作乐，毫无拘谨，有如家人。

一天，庄公在崔杼家饮酒，崔杼正因事外出，庄公趁机与崔杼的继室棠姜私下来往。此后暗往明来，已非一日。此事渐为崔杼发觉，于是崔杼严厉地诘问棠姜，没想到棠姜却供认不讳，说："庄公身为国王，他恃势威胁，我一个小女子有什么能力抵抗呢？"

崔杼愤怒了一阵，想了一会儿，无可奈何地说："事已至此，我们只能走一步算一步了。"从此以后，崔杼严加防范，不让庄公与棠姜有接近的机会，且暗中谋划害庄公。

不久，莒国的国君来齐朝见，庄公特地在北郊设宴招待。崔杼的府第也正在北郊。崔杼得知这个消息，一下就猜到了庄公的用意，便假装称病，不去陪宴，一面派心腹去打探消息，回报说庄公在宴散后要去看望崔杼。"哼！他哪会关心我？关心我的老婆是真。"崔杼冷笑一声，喃喃自语说。

崔杼对棠姜说："我今晚要除掉那个昏君，你一定要按我的话去做！事成之后，我会满足你的愿望。"接着，崔杼教她如何如何做，然后动员家族兵丁埋伏好，再派心腹安排好香饵，等候大鱼上钩。

庄公见崔杼患病，匆匆地开罢宴会，即命人驾车到崔府来。

棠姜与庄公相见，又按计拖延时间。过了一会儿，伏兵齐起，挥剑呐喊，庄公大惊，情知有变，想从后门逃跑，但门已上锁。庄公把门踢开，走上小楼，伏兵把楼团团围住，声声只叫："我们奉相国之命，捉拿贼人！"

庄公对甲兵喊："我是你们的大王，你们不得无礼。"

"什么大王不大王，我们奉相国命令，只知捉拿贼人！"

甲兵又鼓噪起来。

"崔相国何在？我要跟他当面说话！"

"相国有病不能来！"

庄公见此情形，知已无回转余地，当众请求："我知道你们一定会要我的命，但可否让我回去到太庙里自尽呢？"

"还是即时自己解决吧，免得受辱！"庄公想了想，决定从窗口跳出来，想爬墙走。突然，一支冷箭射过去，庄公伤了左脚，从墙上坠下。甲士一齐拥上去，把庄公杀死了。

楚国顺手占赵国

公元前354年，魏惠王派庞涓率领精兵攻打赵国。庞涓没费多大力气就包围了赵国都城邯郸。赵国无力反击，只好向实力雄厚的楚国求救。楚王拿不定主意，就召集谋士们商议。令尹昭奚恤反对出兵，认为应当任凭魏国攻打赵国，楚国可以坐山观虎斗，最后坐收渔翁之利。

景舍反对昭奚恤的主张，提出以救赵为名来削弱赵国和魏国的实力，并顺手牵羊，占领赵国的计划。楚王非常赞同景舍的说法，他任景舍为帅，带领一支人数不多的军队，打着救赵的旗号，跨越赵、楚之间的国界，进入赵国。

七个月后，庞涓终于攻克了邯郸。这时，传来齐国派一支军队直逼魏国都城大梁的消息。庞涓得知后马上从赵国撤兵回国。半路上，齐军"以逸待劳"，把庞涓率领的魏军打得大败。

在魏军撤退之后，景舍顺手牵羊，不费吹灰之力占领了赵国的部分领土。

第三套 攻战计

本套为处于进攻态势之时所用的计谋，共有打草惊蛇、借尸还魂、调虎离山、欲擒故纵、抛砖引玉及擒贼擒王六计。

进攻之时，不能暴露行踪，"打草惊蛇"，这样反而会使敌人有所防备，陷己于不利；当局势不利，原计划无法实施时，可以"借尸还魂"，用另一种方式实现自己原先的意图；面对强敌，要善于"调虎离山"，引诱其离开原来的位置，然后择机而动，若已方占优，也切不可追逼过紧，"欲擒故纵"，令其放松警惕才能将其一网打尽，"抛砖引玉"指的是用小利引诱敌人，最终的目标则是用"玉"；攻打敌人时，注意"擒贼擒王"，一举击溃主力，敌人不战而败。

第十三计　打草惊蛇

打草惊蛇本指打草时惊动了埋伏在草中的蛇。比喻甲乙事情相似，甲受到打击惩处，就使乙感到惊慌。后用以比喻做事不机密，使对方知道了自己的意图而有所戒备。打草惊蛇与敲山震虎意思相近。此计作为谋略有两用，一是在不清楚敌方情况的时候，不轻举妄动；二是故意打草，引蛇出洞，聚而歼之。

原文

疑以叩实①，察而后动；复②者，阴之媒③也。

【按语】敌力不露，阴谋深沉，未可轻进，应遍探其锋。兵书云："军旁有险阻、潢井、葭苇、山林、翳荟者，必谨复索之，此伏奸之所藏也。"（《孙子兵法·行军篇》）

注释

①叩实：问清楚、查明真相。叩，询问，查究。
②复：反复，一次又一次地。
③阴之媒：隐秘的计谋。

译文

真相不明就应查实，洞察了实情之后再采取行动；反复侦察，是实施隐秘计谋所必需的。

【按语】敌人的兵力如果不暴露，则必然隐藏着深机密谋，此时，决不可贸然进攻，应广泛搜索和侦察敌方主力之所在。兵书上说："行军路上遇有险阻、潢井、芦苇丛生和草木茂盛之处，必须谨慎地反复搜索，这些都可能是敌人隐兵设伏的地方。"
（参见《孙子兵法·行军篇》）

◆◆ 计名探源 ◆◆

"打草惊蛇"一语出自北宋郑文宝《南唐近事》。故事讲的是：南唐时，有一个叫王鲁的人，在当涂县做县令。他贪赃枉法，见钱眼开，干了很多搜刮民脂民膏的事。有一天，王鲁得知上司要来察访民情、整肃吏治，不禁担忧起自己头上的乌纱帽来。王鲁在批阅的公文中，正好看到本县百姓联名告发他手下的一个人受贿，因为自身行径与此类似，不禁忧上加忧，神情恍惚。忧虑之中，他不由自主地在状子上批了八个字："汝虽打草，吾已惊蛇。"

【延伸阅读】

蜀魏争夺汉中之战

三国时期，曹操与刘备争夺汉中，双方在汉水两岸对峙。刘备与诸葛亮至营前观察两岸形势，谋划破敌之策。诸葛亮见汉水上流源头处有一处土山，可设置伏兵，便命赵云领兵五百，都带上鼓角，伏于土山之下，到了半夜，听到本营中炮响，便擂鼓吹角呐喊一通，但不可出战。第二天，曹军来到蜀军阵前挑战，见蜀军没有动静，只好回去了。

到了深夜，诸葛亮见曹营灯火已灭，军士们刚刚歇息，便命营中放炮，此时赵云的五百伏兵擂鼓吹角，喊声震天。曹军惊疑，忙披挂出营迎敌。可出营一看，什么都没有，便回营休息。待曹军刚刚歇下，鼓角齐鸣，呐喊又起。一夜数次，弄得曹军彻夜不安。一连三夜如此，搞得曹操惊魂不定，寝食不安。有人对曹操说："这是诸葛亮的疑兵计，不用理睬他。"可曹操说："我岂不知是诸葛亮的诡计！但如果多次皆假，却有一次是真，我军不备，岂不要吃大亏！"曹操无奈，只好退兵三十里，找空阔之处安营扎寨。诸葛亮用"打草惊蛇"之计逼退了曹军，便乘势率军渡过汉水。

蜀军渡过汉水后，诸葛亮传令背水结营，故意置蜀军于险境。曹操深知诸葛亮行事谨慎，认为他如果不是胜券在握，是决不会走此险棋的。诸葛亮正是看中曹操这种心理，偏走险棋来疑他、惊他。曹操为了探听蜀军虚实，下战书与刘备约定来日决战。

战斗刚开始，蜀军便佯装战败，往汉水边逃去，而且将军器、马匹丢在路上。曹操见状，急令收兵。手下的将领不解地问曹操："为何不乘胜追击？"曹操说："看到蜀兵背水扎寨，我原本就怀疑。现在蜀兵刚交战就败走，而且一路丢下许多军器、马匹，更说明是诸葛亮的诡计，必须火速退兵，以防上当。"然而，正当曹军开始撤退时，诸葛亮却指挥蜀军向曹军反扑过来，致使曹兵大败，损失惨重。

司马熹计立王后

战国时期，中山国国王的两个爱妃阴姬和江姬争着要做王后。中山王的谋臣司马熹觉得可以利用这个机会来谋求个人发展。

司马熹见到阴姬的父亲，对他说："争夺王后一事若能成功，您就能得到封地，管理万民；若不成功，恐怕连自家性命也保不住。"

阴姬的父亲说："事情若真像您说的那样，事成之后我必定好好报答您！"

于是，司马憙写了一份奏章给中山王，说他已经有了削弱赵国的办法。中山王非常高兴，立即召见他。司马憙请求中山王派他去一趟赵国，去考察那里的山川地形、君臣好坏、人民贫富，考察之后再做定论。中山王准许了他的请求。

司马憙到赵国后拜见了赵王，对赵王说："我早就听说赵国是一个出美女的地方。但我走在街上时，却没有见到天姿国色的美女。我周游列国，跑过的地方多了，从未见过有一个美女能与我国的阴姬相比。阴姬的容貌无法用言语来形容，简直就像天上的仙女。"

赵王听了司马憙的这番话十分心动，忙说道："我想要得到她，应该怎么做呢？"

司马憙故作难色，说道："尽管阴姬只是个嫔妃，可我们大王却爱如珍宝。请大王不要把我刚才的话传出去，否则我会有杀身之祸。我在暗中替大王做这件事就是了。"

回国后，司马憙对中山王说："赵王不好仁义，而好武力；不好道德，而好女色。他甚至私下里打阴姬的主意，想让阴姬做他的妃子。"中山王听后，勃然大怒。司马憙劝中山王息怒，说："眼下赵国比我们强大。赵王想要阴姬的心意已定，若我们不从，我们的国家就有危险；若我们把阴姬给他，天下人会讥笑我们中山国懦弱无能。"

中山王为难了，问道："这可如何是好？"司马憙见时机已到，忙献计说："只有一个办法，就是大王立阴姬为王后，以断绝赵王的念头。世上没有要别国王后做妃子的道理。"

中山王认为此计甚妙，于是，立阴姬为王后。

在这个故事里，司马憙让赵王对阴姬产生不轨之心是"打草"，使中山王恼怒不安恰似"惊蛇"。司马憙正是运用打草惊蛇之计激怒中山王，迫使他立阴姬为后。

第十四计　借尸还魂

借尸还魂的本义是迷信的人认为人死之后，灵魂还可以附在他人身体上复活。比喻已经没落或死亡的事物借助别人的名义，又以另一种形式出现。作为一种计谋，借尸还魂是指利用一切可以利用的事物来实现自己的企图。

原文

有用者，不可借①；不能用者，求借②。借不能用者而用之，匪我求童蒙，童蒙求我③。

【按语】换代之际，纷立亡国之后者，固借尸还魂之意也。凡一切寄兵权于人，而代其攻守者，皆此用也。

注释

①有用者，不可借：凡自身可以有所作为的人，就不会甘愿受别人利用。

②不能用者，求借：那些自身难以有所作为的人，往往有可能被人利用，借以达到某种目的。

③匪我求童蒙，童蒙求我：不需要我去求助幼稚蒙昧的人，而是幼稚蒙昧的人有求于我。语出《易经·蒙卦》卦辞。《蒙卦》为

《周易》六十四卦的第四卦，也是阴阳相交后的第二卦（因第一卦《乾》为纯阳，第二卦《坤》为纯阴，皆无阴阳相交之象）。在这里，蒙字本义是昧，指物在初生之时，蒙昧而不明白。《蒙卦》的卦象是下坎上艮。艮象山，坎象水。山下有水，是险的象征。人处险地而不知避，便是蒙昧了。童蒙，幼稚而蒙昧。

译文

凡是自身能有所作为的人，往往难以驾驭和控制，因而不能为我所用；凡是自身不能有作为的人，往往需要依赖别人求得生存和发展，因而就有可能为我所用。将自身不能有作为的人加以控制和利用，这就是《蒙卦》所说的：不需要我去求助幼稚蒙昧的人，而是幼稚蒙昧的人有求于我。

【按语】在改朝换代的时候，有人会纷纷拥立已经灭亡的国家的后代立为名义上的君主，这就是借尸还魂的意思。凡是表面上把兵权上交给别人，但是代替别人攻城略地的，都是属于这一计谋的运用。

计名探源

此计得名于古代的一个民间故事。从前，有一个叫李玄的人，因为聪明伶俐而被太上老君收为徒弟，传授他长生不老之术。一天，李玄随太上老君魂游仙界，要七日才能返回，便将自己的躯体交由弟子看守。到了第六日，弟子忽然收到母亲病危的消息，便将李玄的躯体焚化，匆匆返回家去。李玄魂游归来找不到自己的躯体，只好借路边一个刚死的乞丐还了魂。这个乞丐就是后来的"八仙"之一——铁拐李。

【延伸阅读】

楚项兴兵灭秦之战

秦灭六国后,楚人对秦的仇恨最深,反抗最激烈。首先起义的是陈胜、吴广,他们率领的农民军大多数原为楚国人,他们建立的农民政权,即号为张楚。响应陈胜、吴广而继起的是项梁、项羽叔侄。

公元前209年,项梁、项羽部队进驻薛城不久,突然传来陈胜在陈县被杀的消息,张楚政权陷于不利。项梁听说后,便召集部属商议应变之策。

当时有些部将、谋士极力怂恿项梁自立为楚王,项梁一时拿不定主意。就在这时,一位叫范增的老人求见。范增平日在家闲居,好出奇谋巧计,这次来找项梁,就是来为反秦事业出谋划策的。项梁立即接见了范增,询问他的建议。

范增说:"秦灭六国,楚人仇恨最深,人们至今还在怀念楚怀王。而陈胜不立楚王后裔而自立,这是他失败的原因啊!大人若能拥立楚国王室的后裔,便可顺应民心,百姓自然闻风而至,天下便一举可定了。"项梁很高兴,采纳了范增的建议,派人四处寻找楚国王室的后裔。

恰巧在民间寻访到一个名叫熊心的牧童,查问起来,确实是楚怀王的孙子。于是,项梁立即将牧童迎来薛城,奉为楚怀王。之后,楚项部众迅速扩大到数十万。公元前208年,项梁战死。公元前207年,项羽击溃秦军主力章邯军四十万,与刘邦等部共同推翻了秦王朝的暴虐统治。

秦穆公立重耳结秦晋之好

春秋时期,晋献公死后,国内发生了大乱。献公的儿子重耳为了避难,带着一些大臣外出流亡。重耳先后到过狄、齐、宋、楚等国,但一直不得志。

与晋国相邻的秦国很想控制晋国,在晋国内乱时,趁机插手,立夷吾为国君(即晋惠公)。没想到晋惠公忘恩负义,反倒发兵去攻打秦国,结果吃了败仗自己做了俘虏。后经人说情,割让了五座城,并答应用太子圉做人质,秦国的秦穆公才放他回国。

太子圉在秦国得知父亲病了,怕君位落入别人之手,就偷偷地跑回晋国。第二年,太子圉夺得了君位,从此不再与秦国来往。秦穆公因此很气愤,决心立在外流亡的公子重耳为国君,秦穆公派人从楚国接回了公子重耳,并把女儿嫁给了他。为了帮助女婿夺得君位,秦穆公便发兵替重耳攻打晋国,赶跑了公子圉,立重耳为国君(即晋文公)。重耳感谢秦穆公的恩德,从此两国结为"秦晋之好"。

秦国为了称霸,必须能够笼络并控制晋国,而笼络和控制晋国的最好办法莫过于在晋国寻找代理人,而重耳这个落魄流亡的公子哥是最佳人选。所以,秦穆公便要借重耳这个"不能用者"之尸,来还将来要控制驾驭的晋国之"魂"。

第十五计　调虎离山

调虎离山的本义是指设法使老虎离开它所占据的山岗。比喻用计谋使对方离开原来的有利地势，以便趁机进攻。把敌人诱离有利的地势，诱到次要的方向、对敌不利的地方，从而达到取胜的目的，这是调虎离山之计的核心。

原文

待天以困之[①]，用人以诱之，往蹇来连[②]。

【按语】兵书曰："下政攻城。"若攻坚，则自取败亡矣。敌既得地利，则不可争其地。且敌有主而势大：有主，则非利不来趋；势大，则非天人合用不能胜。汉末，羌率众数千，遮虞诩于陈仓、崤谷。诩即停军不进，而宣言上书请兵，须到乃发。羌闻之，乃分抄旁县。诩因其兵散，日夜进道，兼行百余里，令军士各作两灶，日倍增之，羌不敢逼，遂大破之。兵到乃发者，利诱之也；日夜兼进者，用天时以困之也；倍增其灶者，惑之以人事也。(《后汉书·虞诩传》《战略考·东汉》)

注释

①待天以困之：利用天然的不利条件去困扰敌人。天，指天时、地利等客观条件。困，作使动词用，使困扰、困乏。

②往蹇来连：往来的路途都困难重重。语出《易经·蹇卦》九三爻辞。《蹇卦》的卦象为艮下坎上。艮象山，坎象水。王弼注曰："山上有水，蹇难之象。"故在此处，"蹇"有难的意思。

译文

利用天然的不利条件去困扰敌人，用人为的方法去诱骗敌人。如果往来的路途都困难重重，就把敌人引诱过来。

【按语】《孙子兵法》中说："最下等的计策是直接围攻城邑。"如果围攻坚固的城邑，就是自取灭亡。既然敌人已经拥有了地利的条件，就不应该去争地。敌人占据了有利地形，且势力较大。敌人占据了有利的地形，那么没有利益他是不会轻易进攻的；敌人势力较大，如果不利用天时地利等条件就无法取胜。东汉末年，羌人首领率数千兵马，在陈仓、崤谷中阻挠虞诩进军。虞诩因此停止前进，并扬言向朝廷请求援兵，等援兵到了再进军。羌人听到这个消息，信以为真，就分散开去附近县城抢掠财物去了。虞诩便利用这个时机，下令日夜兼程进军，每日进行百余里。虞诩命令军士做饭时做两个灶，这样一来，灶的数量每日增加一倍。羌人以为诩军兵力大增，就不敢再追击他们了，结果虞诩大破羌兵。虞诩宣称要等援军到了后再向前行军，就是在诱骗羌人离开；命令昼夜急行军，就是要利用天时地利的有利条件来困住敌人；加倍置灶，就是人为地制造假象来迷惑敌人。（参见《后汉书·虞诩传》《战略考·东汉》）

◆◆ 计名探源 ◆◆

"调虎离山"一语可能源于《管子·形势解》，中有言曰："虎豹，兽之猛者也，居深林广泽之中则人畏其威而戴之。人主，天下之有势者也，深居则人畏其势。故虎豹去其幽而近于人，则人得之而易其威。人主去其门而迫于民，则民轻之而傲其势。"意思是说，虎豹因居住在幽山深谷而使人敬畏。君王因深居简出而使人害怕。如果虎豹离开了居住的深山幽谷，人们就可以将它捕捉。如果君王和普通人混在一起，人们就会轻视他。这里虽然尚未使用"调虎离山"一语，但已经包含只有将老虎调离深山，才能将其制服的意思。

【延伸阅读】

赵括断送赵军

公元前260年，秦军和赵军在长平关对峙，当时赵军的首领是名将廉颇，长平关地势险要，易守难攻，廉颇坚守营垒，秦军屡屡受挫。于是，秦军便散布谣言，离间赵王和廉颇，使赵王对廉颇产生怀疑，认为廉颇怯战。秦军还说最怕的是让赵括为将，赵王信以为真，便派毫无实战经验的赵括代替了廉颇。

赵括出战后，秦将白起故意假装战败逃走，引诱赵括杀出长平关。秦军又切断赵军粮道，并将赵军切成两段，赵军只好筑起营垒，等待救兵，不料救兵又被打败。赵军人心浮动，饥饿难耐，赵括便出军突围，结果好几次都失败了。赵括在突围中被射死，赵军全军覆没。

在这里秦军用了两次调虎离山之计。第一次是调去了廉颇这只虎，使赵军没了强大的首领。第二次是调赵括离开长平关，使之失去地利。这赵括根本就不是白起的对手，自然败之无疑。

纪信假代刘邦

楚汉之争后期，项羽率军围攻荥阳。面对楚军日益猛烈的攻势，陈平等人一方面将形势之危急向诸将和盘托出，激励诸将誓与孤城共存，抵御楚兵。另一方面与张良密谋后，对刘邦说："请大王速写一封投降信给楚霸王，约霸王在东门相见。霸王定会把他的大军布置在东门，我再想办法把西、北、南各门卫士引到东门

口来，大王就可以从西门冲出去了。"

这时刘邦帐下的将军纪信认为与其死守孤城，不如突围求生。要想突围，唯一的办法是找一个人假作刘邦，只说出城投降，好叫敌人无备，让刘邦乘乱冲出包围。纪信悄悄来到汉王帐下，言愿假代刘邦，请刘邦组织人马突围。陈平等人认为此计可行，但必须周密策划，要有其他伪装作掩护，三计并施，才能蒙蔽项羽，乘乱突围。

翌日，天还未亮，汉军便开了东门，陈平差遣两千名妇女，一批又一批地从东门出去。楚军闻讯围攻上来，见竟全是些手无寸铁的女人，谁也不好意思刁难，只好闪开一条道来。南、西、北门的楚兵听说东门全是美人儿，争先恐后地拥向东门。直到旭日东升，才见城中有兵士出来，他们打着旌旗，拿着武器，簇拥着一部兵车，缓缓而来。"刘邦"走近楚营，霸王才发现坐车出来的不是刘邦，气得火冒三丈，暴跳如雷，吩咐将这个假刘邦连车一同烧了。这时，刘邦趁着东门混乱，冲出西门，带着陈平、张良、樊哙杀开一条血路，逃走了。荥阳城头又列满了守军，一个个甲胄鲜明，武器精良。

原来，陈平的三计是：第一，让妇女出东门，吸引楚兵的注意力，减少城中非战斗人员的数量，减轻口粮上的压力；第二，让纪信乔装成刘邦，大骂项羽，目的在于拖延时间，使刘邦君臣得以走得更远，守城的将士有更充足的准备；第三，留下一支守军。荥阳是军事重镇，历来为兵家必争之地。能够守住自然是好，万一守不住，也可拖住楚兵的后脚，使之不能尽快地全力追赶刘邦。就这样，陈平使刘邦死里逃生，为日后消灭楚军奠定了基础。

陈平针锋相对，以出乎意料的手段，对症下药，反其道而行，把握准了项羽生性好疑的弱点，利用楚军的矛盾，以散布谣言、略施小恩小惠的手法，首先瓦解、调拨了钟离昧（折虎翼）。继之陷害项羽的谋臣范增，使其离项羽而去（去虎威），从而使楚军的坚固堡垒出现裂痕，不能一致对外御敌。接着又使用瞒天过海、调虎离山之计，以刘邦出降、美女为诱饵，吸引楚军到相反的方向，声东击西，制造混乱，使汉王趁机突围而去。

以上三计，每计的核心都是乱之以虚，达到调虎离山、分化瓦解楚军的目的，但在用计的对象、时间、方式上都采用了不同的隐蔽手法，示假隐真，令人将信将疑，使项羽在不能明辨曲直是非的前提下，不知不觉便上了陈平的当。待到其醒悟，欲加防范却再次上当受骗。项羽毫无招架之势，只能听天由命。结果楚军功败垂成，而汉军则由被动渐趋主动，死里觅生，保存了卷土重来、东山再起的实力。

姜维识破孔明调虎离山计

孔明首伐中原时，顺利占领了安定、南安二郡，并准备再用调虎离山计，像诈取安定那样，去取天水。

这时，天水郡的太守马遵尚不知南安已陷落，对文武官员说：

"夏侯惇是驸马，又是这次率兵御蜀进犯的都督，现在被困在南安城中，如果有怠慢的地方，恐怕吃罪不起。"众官都说："我们宜率三部军马，主动去救南安。"说话间，有军兵报告说："南安郡夏侯驸马心腹家将裴绪来到。"裴绪入府对马遵说："都督下令调安定及你郡兵马星夜去南安救援。"说完匆匆告辞而去。不一会儿，又有军兵在城外喊："安定郡已经派兵欲去南安，约你郡兵马一同前往。"马遵闻言，点军马便要启程。

姜维在一旁阻拦马遵说："太守莫中孔明调虎离山之计！"马遵说："这话从何说起？"姜维说："孔明把夏侯驸马围在南安，城池被围得水泄不通，怎么会有人冲出重围来报信呢？况且裴绪又是一个无名小将，我们谁也没见过，安定郡约我们一起出兵，又没有公文。我看，这都是蜀军假扮的，想骗我们出城，待我们出兵后，乘虚夺我们天水郡。"马遵听了姜维的话，大吃一惊说："那我们怎么办？"姜维说："我们可将计就计。我带三千军马，埋伏在要路，你带兵出城，佯去南安。但不要走远，看见城上起火，就率兵杀回来，我们对来取城的蜀军前后夹攻。如果孔明亲自来，可连他也一起擒获。"马遵一听，欣然应允。

当马遵率兵出城刚走出二十里左右，赵云果然率五千军马来攻天水郡，城上守城的魏将对赵云说："你中了我们姜维的妙计了，还不下马投降？"说着叫军兵在城头点燃火号。这时只见马遵率军马杀了回来，姜维也率伏兵冲出夹击蜀军。赵云见受到魏军的前后夹攻，首尾难顾，只好率军杀开条血路败走。

此计中，姜维之所以未能中计受骗，是因为对敌情、战势的正确分析，从其中反常现象中发现了对方的行计破绽。然后，将敌方的"调虎离山计"就自己的"前后夹攻计"，以攻为守，保住了天水郡。

三十六计解析 第三套 攻战计

第十六计　欲擒故纵

欲擒故纵的本义指想要抓住某人，却故意放开他，使他放松警惕，然后再抓。比喻为了更好地控制，暂且放松一步。欲擒故纵的纵，并不是完全不管，放虎归山，而是暂时放一放，目的是更好地擒。

原　文

逼则反兵①，走②则减势。紧随勿迫，累③其气力，消④其斗志，散而后擒，兵不血刃⑤。《需》，有孚，光⑥。

【按语】所谓纵者，非放之也，随之，而稍松之耳。"穷寇勿追"，亦即此意。盖不追者，非不随也，不迫之而已。武侯之七纵七擒，即纵而蹑之，故展转推进，至于不毛之地。武侯之七纵，其意在拓地，在借孟获以服诸蛮，非兵法也。若论战，则擒者不可复纵。

注　释

①反兵：回师反扑。
②走：逃走。
③累：消耗。
④消：瓦解。
⑤血刃：血染刀刃，即作战。
⑥《需》，有孚，光：身处险境要善于等待，如果有诚信，就会前途光明，大吉大利。语出《易经·需卦》。《需卦》的卦象为乾下坎上。乾象刚、健；坎象水、险。需，有等待之意。以刚、健遇水、险，故须等待，不要急进，以免陷入险境。孚，信用，信服。有孚，有信用，有诚意，为人所信服。光，光明，通达。

译文

　　逼得敌军太紧,对方就会回师反扑。如果让敌军逃跑,就会减弱气势。追击敌人,只需紧随其后而不要过于逼迫它,以消耗其体力,瓦解其斗志,待其溃散时再捕捉它,就可以避免流血。这是从《易经·需卦》卦辞"《需》,有孚,光"一语中悟出的道理。

　　【按语】这里所说的"纵",并不是放任敌人离去,而是紧随其后,只不过稍微放松一点儿而已。"对穷途末路的敌人,不要过分紧追不放",就是这个意思。不去追赶,并不是不去跟踪,只是不紧逼而已。诸葛亮对孟获七擒七纵,就是采取放了他而又跟踪他的办法。正因如此,才需要迂回曲折地向前推进,一直跟踪孟获进军到五谷不生的荒僻地方。诸葛亮七纵孟获,本意在于开辟和拓展蜀汉的地盘,因此需要借助蛮王孟获来收服南方各少数民族,严格地讲,并不属于兵法的范围。如果从战争角度讲,既然已经把敌人逮住了,就不能轻易放了他。

计名探源

　　此计的最早表达是在老子《道德经》的第三十六章:"将欲歙之,必固张之;将欲弱之,必固强之;将欲废之,必固兴之;将欲夺之,必固与之。"意思是说,想要收拾他,必先扩张他;想要削弱他,必先加强他;想要废去他,必先抬举他;想要夺取他,必先给予他。老子的这种辩证思想在后世得到了进一步发展。

【延伸阅读】

楚军七战七"败"灭庸国

　　春秋时期,楚国出兵攻打庸国,庸国奋起抗战,赶走了楚军,将楚军将领卢戢黎逐出城,并囚禁了他的儿子卢扬窗。三天之后,卢扬窗就越狱逃回了楚国。卢扬窗见到楚王后,说:"庸军人多势众又野蛮,不如我们集齐所有军队,合力再去攻打。"

另一名楚军将领潘尪却提出了不同意见,说:"敌人刚刚打了胜仗,士气正盛,但也非常容易骄傲。我们现在进攻,敌人必然乘胜击我。我们如果故意打败,敌人必然会认为我们战斗力已经衰弱,再连续战败几次,敌人就会认为我们已经不堪一击,敌人就会骄傲起来,放松戒备,我们便可趁机发动进攻,定能取胜。"

楚王连连称妙,接受了他的建议。

于是,楚军以多股兵马轮番与庸军交战,每次都是开战不久,便佯败而退。三日之内楚军一连和庸军打了七仗,一仗比一仗败得"惨"。这时,庸军以为楚军已经精疲力竭、不堪一击了,果然放松了防备。

楚军抓住时机,立即兵分两路攻打庸国。同时楚军联合的秦军、巴军也跟随楚军一同包围了庸国。之前为庸军助战的蛮人们见楚军势力强大,纷纷主动归顺了楚国。庸军孤立无援,又被打得措手不及,很快被楚军消灭。楚军运用欲擒故纵之计,七战七"败",轻而易举地灭了庸国。

冒顿智取东胡

汉初,冒顿杀父自立,当了匈奴单于。北方的东胡兴盛强大,便前来寻衅,试探匈奴态度。东胡派使臣到匈奴去,向冒顿索要一匹千里马。冒顿询问群臣的意见,群臣齐声说:"我部只有一匹千里马,乃是单于的宝马,怎可轻易送给他呢?"冒顿微微一笑,说:"我部与东胡为邻,怎能吝啬一匹马呢?"于是,冒顿把千里马送给了东胡。

过了一段时间，东胡使者又来了，说要冒顿把妻子送给东胡王。冒顿又询问群臣，群臣皆义愤填膺，怒气冲冲地说："东胡竟这般无礼，连我的阏氏都敢要，这还了得？请出兵攻打东胡！"冒顿又微笑说："岂可为了一名女子，失去东胡的信任？"于是，冒顿把阏氏送于东胡。东胡王以为冒顿惧怕自己，便心存轻视，疏于戒备。

又过了一段时间，东胡又派使者到匈奴，索要两部交界处的空地。冒顿又召群臣议，群臣有赞成的，有反对的，议论纷纷，莫衷一是。冒顿却勃然大怒道："土地是我们的根本，怎能轻易给他人！"然后，下令将来使和那些表示赞成的臣子都斩首了。即时披上战袍，以迅雷不及掩耳之势，向东胡奔去。

东胡的军队猝不及防，连战连败，顷刻全军覆没，东胡王也被杀死了。

冒顿运用欲擒故纵之计，使东胡王骄傲而疏于防备，然后乘机一举灭了东胡。

韩康子、魏桓子韬光养晦

公元前403年，晋国大夫智宣子去世后，智宣子的儿子智瑶当政，与韩康子、魏桓子在蓝台饮宴，智瑶戏弄韩康子，又侮辱了他的家相段规。

智瑶又向韩康子索要领地，韩康子不想给他。段规进言说："智瑶贪财好利，刚愎自用，如果不给，他一定起兵来讨伐，不如给他。他得到领地后会更加狂妄，一定又会向别人索要；别人不给，他必定向别人诉诸武力，这样我们就可以避其锋芒而伺机行动了。"韩康子答应后便派使臣去见智瑶，送上一座有万户居民的城邑。果然，智瑶很高兴，又向魏桓子提出索地要求，魏桓子不想给。家相任章问他："为什么不给呢？"魏桓子说："无缘无故来要地，所以不给。"任章说："智瑶无缘无故强索他人领地，一定会引起其他大夫官员的畏惧，我们给他一些领地，智瑶一定会骄傲。他骄傲而轻敌，畏惧他的人必然会团结起来，用精诚团结之兵去对付狂妄轻敌的智瑶，智家的命运一定不会长久了。"魏桓子说："很好。"也割给智瑶一座有万户之民的城邑。

之后，智瑶又向赵襄子索要蔡和皋狼两个地方。赵襄子断然拒绝。智瑶勃然大怒，召集韩、魏两家的甲兵前去攻打赵氏。赵襄子准备出逃，问属下："我到哪里去好呢？"随从说："长子城最近，而且城墙厚，刚完工。"赵襄子说："百姓刚筋疲力尽地修完城墙，又要他们舍生入死地为我守城，谁能和我一条心呢？"随从又说："邯郸城里仓库丰盈。"赵襄子说："搜刮民脂民膏才使仓库装满粮食，现在又因战争让他们送命，谁会和我同心对敌？还是投奔晋阳吧！那是先主的老地盘，尹铎又待百姓宽厚，百姓一定会和我们同生死的。"于是，赵襄子前往晋阳。智瑶、韩康子和魏桓子三家联军将晋阳城团团围住，又引水灌城。大水一直漫到离城墙头只差三米的地方，城中百姓的锅灶都被泡塌，虫蛙丛生，民众却没有丝毫叛意。

一天，智瑶在城外查看水势，魏桓子驾车，韩康子护卫。智瑶得意地说："我今天才知道水也可以让人亡国。"听到这话，魏桓子用胳膊肘碰了一下韩康子，韩康子也会意地踩了一下魏桓子。二人不约而同地想到，汾水也可以灌魏家的安邑城，绛水也可以灌韩家的平阳城。

事后，智瑶的谋士絺疵提醒智瑶说："韩、魏两家肯定会反叛。"智瑶问："何以见得？"絺疵说："以人之常情而知。您调集韩、魏两家的军队来围攻赵家，一旦赵家覆亡，灾难必定会落到韩、魏两家头上。现在我们约定灭掉赵家后，三分其地，晋阳城仅差三米就要被水淹没，城内宰马为食，破城指日可待。然而韩康子、魏桓子却面无喜色，反而忧心忡忡，这不是心怀异志又是什么？"第二天，智瑶把缔疵的话告诉了韩康子和魏桓子二人，他们连忙说："这一定是离间小人想为赵家游说，让您怀疑我们韩、魏两家而放松对赵家的进攻。不然的话，我们两家岂不是放着早晚就要分到手的赵家土地不要，而去干那危险万分必不可成的傻事吗？"二人告辞而出，缔疵进来说："主公为什么把臣下的话告诉他们呢？"智瑶反问："你怎么知道的？"缔疵解释道："我刚才碰到他们，二人神色慌张地看了我一眼就匆忙离去，因为他们知道我看穿了他们的心思。"智瑶仍不以为然。于是，缔疵请求派他出使齐国。

赵襄子派张孟谈秘密出城来见韩康子和魏桓子，劝说道："唇亡齿寒，古之常理。如今智瑶率领韩、魏两家来围攻赵家，赵家灭亡后，就该轮到你们自己了。"韩康子、魏桓子也说："我们心里也知道他会这样做，只是怕事情还未发动，计谋就先泄露出去，那样就会大祸临头。"张孟谈又说："计谋出自二位主公之口，只有我一人听见，有什么可担忧的？"于是，二人秘密地与张孟谈商议，约好起事日期后送他回城了。夜里，赵襄子派人杀掉智军守堤士兵，反决河堤，倒灌智营。智瑶军队被水淹没，阵脚大乱，韩、魏两家军队趁机从两翼夹击，赵襄子率兵从正面迎头痛击，大败智军，杀死智瑶，又将智家族人赶尽杀绝。

第十七计　抛砖引玉

　　抛砖引玉的本义是抛出砖去，引回玉来。比喻用自己不成熟的意见或作品引出别人更好的意见或作品。引申来讲，砖，指的是小利、诱饵；玉，指的是作战的目的，即大的胜利。抛砖引玉作为计策，指主动给敌人一点小的好处，使敌人上钩，借此获取大的胜利。

原文

　　类以诱之①，击蒙②也。

【按语】诱敌之法甚多，最妙之法，不在疑似之间，而在类同，以固其惑。以旌旗金鼓诱敌者，疑似也；以老弱粮草诱敌者，则类同也。如：楚伐绞，军其南门，屈瑕曰："绞小而轻，轻则寡谋，请勿捍采樵者以诱之。"从之，绞人获利。明日，绞人争出，驱楚役徒于山中。楚人坐守其北门，而伏诸山下，大败之，为城下之盟而还。又如孙膑减灶而诱杀庞涓。（《史记·孙子吴起列传》）

注释

　　①类以诱之：用类似的东西去诱惑他。类，类似，同类。

　　②击蒙：击，打击。蒙，蒙昧。语出《易经·蒙卦》上九爻辞："击蒙，不利为寇，利御寇。"《蒙卦》的卦象为坎下艮上。其上九爻，为阳爻，处于《蒙卦》之终，按王弼的解释，其寓意为"处蒙之终，以刚居上，能击去童蒙，以发其昧也，故曰'击蒙'也。故'不利为寇，利御寇'也"。大意是，上九爻以阳刚之象居于前五爻之上，所以能给蒙昧者以

开导、启迪。为盗寇之人，自然属于蒙昧者之列，所以，如果占卦时占到本爻，则对为盗寇者不利，而对防御盗寇者有利。此处借用此语，意思是，打击那因受我方诱惑而处于蒙昧状态的敌人。

译文

用类似的东西诱惑敌人，趁其迷惑懵懂之时去打击他。

【按语】诱惑敌人的方法有很多，最巧妙的办法，不是用似是而非的方法，而是要以类似的东西，去加强敌人的迷惑。用虚张旌旗、鸣锣击鼓的方式去诱惑敌人，就是属于疑似的一类；派出年老体弱的士兵，或制造有粮或无粮的假象去诱惑敌人，就是属于类同的一类。例如春秋时期，楚国出兵征伐绞国，陈兵于绞国都城的南门外。莫敖屈瑕献计说："绞国小且其君臣很轻狂，轻狂的人往往缺少计谋。请派遣一些樵夫去诱惑他们。"楚王采纳了屈瑕的计策。果然，绞国人抓走了不少樵夫。次日，绞国士兵争相出城，将楚国的樵夫往山中驱赶。而楚国则一方面派兵把守绞城的北门；另一方面派兵埋伏在山下，因而大败绞军。结果，楚军迫使绞国与楚订立城下之盟，得胜而归。又如春秋时期，齐国军师孙膑用减灶的办法，将魏兵诱入埋伏圈，杀了魏将庞涓。孙膑所使用的办法也属于这类计策。(参见《史记·孙子吴起列传》)

三十六计解析◎ 第三套 攻战计

计名探源

"抛砖引玉"一语出自《景德传灯录·赵州东院从谂禅师》,里面说:"大众晚参,师云:'今夜答话去也,有解问者出来。'时有一僧便出,礼拜。谂曰:'比来抛砖引玉,却引得个墼子。'"(墼,音 jī,指未烧的砖坯。)这一段话的大概意思是:一天晚上参禅的时候,从谂禅师对众弟子说:"今晚解答问题,有疑问的可以出来。"不一会儿,一个小和尚站了出来,行了一礼。从谂禅师说:"刚才本想抛砖引玉,却引来一块连砖都不如的土坯。"

【延伸阅读】

马燧奇计败田悦

唐朝末年,以魏博节度使田悦为首的"四镇"联合起兵对抗朝廷,朝廷派足智多谋的河东节度使马燧率兵去平定叛乱。

马燧连败田悦,长驱直入河北三个叛镇的辖地,由于进兵过快,粮草供应不上,马燧陷入困境。田悦觉察到马燧的难处,深居壁垒之中,拒不出战。数天后,马燧的粮食将尽。窘迫中,马燧苦苦思索逼田悦出战的计策,忽然想到田悦的老巢在魏州(今河北大名东北)。马燧拍案而起,说:"如果去攻打魏州,不怕他田悦不救!"于是,马燧命令部队在半夜潜出军营,沿洹水直奔魏州,又令数百骑兵留在营内,击鼓鸣角,点燃营火。天亮后,马燧大军已全部离开大营,留守的骑兵停止击鼓鸣角,也潜出军营,按照马燧的命令隐藏起来。

田悦闻报后,派人去侦察,发现是一座空营。不久,又有探骑飞报：马燧率大军扑向魏州。田悦大吃一惊，急忙传令进军，亲率轻骑驰救魏州，在半途中追上了严阵以待的官军。

马燧以逸待劳，向田悦发起进攻，但田悦叛军很有战斗力，渐渐地，官军的两翼落了下风。马燧见战局不妙，亲率自己的河东军杀入敌阵，又传令击鼓助威。官军的两翼勇气大增，反身向田悦发起反攻，田悦终于抵挡不住，向洹水边退去。到了洹水河边，三座便桥早已被马燧留守大营的骑兵烧毁，叛军顿时大乱。

马燧见机会来了，挥军冲杀过来，叛军只好跳水逃命，溺死者无数。这一仗，田悦的叛军被斩杀两万多人，数千人被俘，田悦只带千余人逃回魏州，元气大伤。

投其所需诱曹操

曹操在收复濮阳的战役中屡屡受挫，但又攻城心切，指挥军兵蛮攻硬打。

辅佐吕布的谋士陈宫见此情景对吕布说："曹操现在正苦于无计攻城，我们可以利用他这种心理，诱他入城，中我埋伏。城内有一户姓田的富豪，颇有名望，如果令他作为内应，曹操必定不会怀疑。"吕布一听，便依计而行。

这天，曹操在营中正为无计破城而烦躁，突然由城里传来一封密书。书中说："吕布残暴不仁，民心大怨。现在他已带兵去黎阳，城内只有高沛守城。如连夜起兵攻城，我可以为内应。以城上插白旗，大书'义'字为号，我趁机开门迎候。"曹操看罢，打发走田氏家童，高兴地说："这是天赐我收回濮阳啊！"便准备起兵攻城。

左右军将提醒曹操说："其中恐有诈，丞相不可不察。"曹操说："我已经想过，这个田氏是城中富豪，他若欺我，一旦我攻破城池，他能逃脱吗？他逃走还有可能，其家业能与其一起逃走吗？其人是势利之眼，知我定取濮阳，先来讨好于我，我怎能不信其言呢？"众将听后，深服其论。

　　当晚，曹操见城门之上有面白旗，上书"义"字，便令军兵在门外候伏。将近三更，果见该门大开。曹操率先引兵冲入城中，一直冲到州衙，路上也未见一人。这时，曹操方知中计，急下令退兵。忽然，却见四面城门已被烈焰封锁。曹操东撞西碰，只是寻不到退路，后来在大将典韦的掩护下，才冒火拼死冲出城外，逃得性命。

第十八计　擒贼擒王

擒贼擒王的本义指作战时要先擒拿住敌人的首领。比喻做事要先抓住关键和要害。此计要求首先歼灭敌人的主力或主要指挥成员，借此影响并动摇敌人全军，使敌军遭到瓦解，彻底失败。

原文

摧其坚，夺其魁①，以解其体②。龙战于野，其道穷也③。

【按语】攻胜，则利不胜取。取小遗大，卒之利、将之累、帅之害、功之亏也。全胜而不摧坚擒王，是纵虎归山也。擒王之法，不可图辨旌旗，而当察其阵中之首动。昔张巡与尹子奇战，直冲敌营，至子奇麾下，营中大乱，斩贼将五十余人，杀士卒五千余人。巡欲射子奇而不识，剡蒿为矢。中者喜，谓巡矢尽，走白子奇，乃得其状。使霁云射之，中其左目，几获之，子奇乃收军退还。（《新唐书·张巡传》《战略考·唐》）

注释

①魁：第一、大，此处指首领、主帅。

②体：躯体、整体、全军。

③龙战于野，其道穷也：语出《易经·坤卦》上六象辞。《坤》，卦名。本卦是坤上坤下，为纯阴之象。上六爻是本卦的最终爻，为纯阴发展到极盛阶段之象。《坤卦》上六爻的爻辞是："龙战于野，其血玄黄。"龙，本为《乾卦》（纯阳之卦）的象征物，为什么作为纯阴之象的《坤卦》，其上六爻却以原本属纯阳之象的"龙"为象征物呢？按照朱熹《周易本义》的解释是："阴盛之极，至与阳争。"《易经·文言》在阐释《坤卦》上六爻辞

时则说:"阴疑与阳必战。为其嫌于无阳也,故称龙焉。"按照《易经》中物极必反的矛盾转化思想,上六爻表示纯阴已发展到极盛,故必然向阳转化。虽然此时尚处于转化前夕,却已急于以阳自比,以龙自称了。故有"龙战于野,其道穷也"之说。野,郊野。道,道路。道穷,无路可走。群龙战于郊野,相互杀伤,血迹斑斑,以致陷入穷途末路。本计引用此语,其意当为:贼王被擒,群贼无首,其战必败。

译文

击溃敌人的主力,抓获其首领,便可瓦解其全军。好比群龙无首,战于郊野,必然陷于穷途末路。

【按语】打了胜仗,不急于乘胜掠取敌方的装备、资财,这样对我方才会比较有利。贪取小利而遗忘了战争的大局,其结果只能是让士卒得些小利,造成累赘,对主帅造成危害,以至前功尽弃。取得了全面胜利,却不致力于摧垮敌军的中坚,捉拿敌军的主帅,那将等于放虎归山。捉拿敌军主帅的方法,不能只看敌军的指挥旗在何处,而应仔细观察敌军的阵地上是谁首先行动的。昔日张巡与尹子奇打仗,张巡直冲敌军阵营,杀到尹子奇的指挥旗下,敌营顿时大乱,被张巡军斩将五十余人,杀死士兵五千余人。张巡想要射死敌主将尹子奇,但又不认识他。于是,张巡便命令部下削秸秆做箭,被射中的敌军发现后很高兴,以为张巡军的箭已射尽了,便跑去禀告尹子奇。张巡抓住这个机会看清了尹子奇的面貌,立即叫部将南霁云用箭射他。南霁云一箭射中了尹子奇的左眼,

差点儿抓获了他。在这种情况下,尹子奇只好被迫收兵退回去了。(参见《新唐书·张巡传》《战略考·唐》)

◆ 计名探源 ◆

本计语出唐朝诗人杜甫《前出塞》诗九首之六,诗中云:"挽弓当挽强,用箭当用长。射人先射马,擒贼先擒王。"意思是说,拉弓要拉最坚硬的,射箭要射最长的。射人要先射马,擒贼要先擒住他们的首领。诗中透露出杜甫对古代军事经验的概括以及自身的军事眼光。后两句成为千古名句,常被后世军事家、政治家引用。

【延伸阅读】

辛弃疾千里擒叛徒

1161年,辛弃疾参加了农民领袖耿京领导的抗金起义军。1162年,耿京派辛弃疾带一支队伍南下与南宋朝廷联络。宋高宗接见了辛弃疾,让辛弃疾转告耿京把队伍带到南方来。辛弃疾回去的途中,忽然得知一个噩耗:耿京已被叛徒张安国杀死,张安国率义军投降了金军。

辛弃疾悲愤地说:"我们与耿大哥生死与共,如今耿大哥被贼人所害,我们一定要为耿大哥报仇!"

随辛弃疾同行的统制王世隆和义军领袖马全福说:"我们是奉皇上诏令请耿元帅把队伍带到南方的,如今队伍已散,只有擒住张安国,方可向皇上复命。"辛弃疾道:"我们挑选一支精兵,千里奔袭,直捣金军大营。金军肯定想不到我们会深入他们的腹地发起奇袭,张国安也不会有任何戒备。这样一来,我们定可一举成功!"众将领一致赞同。

辛弃疾立刻挑选轻骑五百,备足干粮,日夜兼程,终于在济州(今山东巨野)赶上了金军大队。张安国正与金军主将在大帐中饮酒作乐。辛弃疾带领五百轻骑以迅雷不及掩耳之势冲入金军大营,杀入大帐中,迅速把张安国绑上马。辛弃疾一马当先,杀开一条血路,疾风般冲出金军大营。

辛弃疾押着张安国回到建康,将张安国交给朝廷处理,并向宋高宗禀报了耿京遇害经过。宋高宗下诏将叛徒张安国斩首示众,又下诏封辛弃疾等大小义军将领为朝廷官员。辛弃疾从此在南宋朝廷为将。

第四套 混战计

本套为处于不分敌友、军阀混战态势之时所用计谋，共有釜底抽薪、浑水摸鱼、金蝉脱壳、关门捉贼、远交近攻及假道伐虢六计。

"釜底抽薪"喻指从根本上解决问题，在军事行动上要抓住影响全局的关键点，一举功成；若局势复杂，则可以"浑水摸鱼"，趁敌方无法研判形势时，主动出击；"金蝉脱壳"是伪装之法，可用计脱身而不被敌人发觉；"关门捉贼"是要将敌人困在原地，令其无路可逃，最终将其彻底击溃；"远交近攻"指的是优先向临近国家出击，而假意同远离自己的国家交好，以免树敌过多；"假道伐虢"一计，乃春秋时期晋国所用，用计者掩盖真实用意，最终一举两得。

第十九计　釜底抽薪

釜是古代的一种锅，薪指的是柴火。釜底抽薪的意思就是把柴火从锅底抽走，比喻从根本上解决问题。此计对于将领的要求较高，必须在错综复杂的形势当中，找出影响全局的关键点，进而进攻敌方的弱点，一举扭转乾坤。所谓"军无粮则亡"，在冷兵器时代，粮草对军队的重要性尤为突出。战争中常使用袭击敌人后方基地、仓库，断其运输线等战术，来达到釜底抽薪的效果。

原文

不敌其力①，而消其势②，兑下乾上之象③。

【按语】水沸者，力也，火之力也，阳中之阳也，锐不可当；薪者，火之魄也，即力之势也，阴中之阴也，近而无害，故力不可当而势犹可消。《尉缭子》曰："气实则斗，气夺则走。"而夺气之法，则在攻心。昔吴汉为大司马，有寇夜攻汉营，军中惊扰，汉坚卧不动。军中闻汉不动，有顷乃定。乃选精兵反击，大破之，此即不直当其力而扑消其势也。宋薛长儒为汉、湖、滑三州通判，驻汉州。州兵数百叛，开营门，谋杀知州、兵马监押，烧营以为乱。有来告者，知州、监押皆不敢出。长儒挺身出营，谕之曰："汝辈皆有父母妻子，何故作此？叛者立于左，胁从者立于右！"于是，不与谋者数百人趋立于右，独主谋者十三人突门而出，散于诸村野，寻捕获。时谓非长儒，则一城涂炭矣！此即攻心夺气之用也。或曰：敌与敌对，捣强敌之虚以败其将成之功也。

注释

①力：强力，锋芒。

②势：气势。

③兑下乾上之象：兑下乾上为《易经》六十四卦中的《履卦》。兑为泽，为阴柔之象；乾为天，为阳刚之象。整个卦象为阴胜阳、柔克刚。其卦辞为："履虎尾，不咥人，亨。"履：小心蹑足前进。咥：咬。亨：通达顺利。其寓意是：虎为凶猛阳刚之兽，但只要以阴柔克之，小心谨慎行事，即使踩着了虎的尾巴，它也不会咬人。若占得此卦，预示事情将经历险阻而后通达，终于顺利。此处借用此卦，意在说明：遇到强敌，不要去与之硬碰，而要用阴柔的方法去消灭其刚猛之气，然后设法制服他。

译文

不要迎着敌人的猛劲去与之硬拼，而要设法削弱敌方的气势，采取以柔克刚的策略制服他。

【按语】锅里的水沸腾，是靠火的力量。沸腾的水和猛烈的火势是势不可当的，这是"阳中之阳"。而维持燃烧火的原料薪柴却是可以接近的，这就是"阳中之阴"。靠近薪柴是没有害处的，猛烈的火势虽然一时阻挡不住，但是却可以避其锋芒，侧面削弱他的气势。《尉缭子》中说："如果士气旺盛，就投入战斗；士气不旺，就应该避开敌人。"若想削弱敌人的气势，最好方法是攻心战。东汉时，吴汉被任命为大司马，率军打仗时，有一次敌人夜袭军营，士兵们都惊慌失措，吴汉却格外沉着冷静，卧床不动，稳住了将士的情绪，然后挑选精锐士兵乘夜反击，获得了胜利。这就是不直接阻挡敌人，而用计谋扑灭敌人气势的正面案例。宋朝的薛长儒在担任汉州、湖州和滑州的通判时，驻扎于汉州，恰逢几百名将士叛变。他们打开营门，图谋杀害知州和兵马监押，烧毁营房，进行叛乱。有人前来禀报，知州、兵马监押吓得不敢出来，长儒挺身出营，劝告叛兵说："你们都有父母妻子，为什么要干这些事？凡主动叛乱者站在左边，凡是不明真相的胁从者站在右边。"结果，参加叛乱的数百名士兵纷纷往右边站，只有为首的十三个人慌忙夺门而出，躲在乡间，不久都被捉拿归案。当时的人都说，若不是薛长儒，汉州城就要生灵涂炭了。这就是用攻心的方法削弱敌人气势的一个例子。有人说："两军对战时，我方须击毁敌人的薄弱之处，使其在即将成功时被击败。"

◆◆ 计名探源 ◆◆

"釜底抽薪"的思想由来已久，古代文献多有记载。比如《吕氏春秋·数尽》里就说："夫以汤止沸，沸愈不止，去其火则止矣。"意思是说，用水来制止沸腾的水，水的沸腾不会停止，把柴火抽去水也就停止沸腾了。西汉《淮南鸿烈》里说："故以汤止沸，沸乃不止，诚知其本，则去火而已矣。"东汉《上何进书》里说："臣闻扬汤止沸，莫若去薪。"北齐《为侯景叛移梁朝文》里说："抽薪止沸，剪草除根。"这些句子表达的都是釜底抽薪的意思。

【延伸阅读】

图冀州郭图巧语挖墙脚

袁绍死后，在爵位承袭之事上，子嗣间展开了激烈的明争暗斗。长子袁谭在青州得知父亲在冀州病亡的消息后，立即召谋士郭图、辛评商议继位大计。郭图分析说："袁公于冀州去世，袁尚在其身侧，审配、逢纪二人足智多谋，想必已立袁尚为主。我们应该快些赶赴冀州，将权夺回才是。"辛评说："不可！审配、逢纪二人一定是有阴谋才遣人来报丧的。我们若贸然前往，必遭他们暗算。"袁谭急切地问："既如此，我该怎么办？"郭图沉思片刻说："我们不如屯兵于冀州城外。我先孤身入城去观察动静，见机行事，设法先除掉袁尚的两个谋士。他若失去了左膀右臂，就容易对付了。此乃制鸿去翼之策也。"袁谭依其言，遂率大军来到冀州城外，遣郭图只身入城。

郭图来到冀州，袁尚责问他道："吾兄为什么不前来与我相见？"

郭图谎称道："你兄听到袁公病逝的消息，哀痛过度，现在正在军中调养歇息，暂且不能起身前来相见。"

袁尚说："我受父亲遗命，现为冀州之主，承袭爵位。现在我封吾兄为车骑将军。眼下曹兵压境，请兄为前部先锋去迎敌，我随后便去接应，你马上回去告诉吾兄早做准备。"郭图趁机向袁尚说："现在军中无人商议退军之策。愿求审正南、逢元图二人前往相辅。"

袁尚听得这意外的要求不由一怔，断然拒绝道："我时刻依仗他二人为我策划大小事宜，怎可让他们离开我？"郭图刁难袁尚说："主公既然令你兄充当先锋前往破曹军，这也是一则大计。既然主公时刻要倚仗他们，让他们去辅兄破曹军不也是为主公立功吗？若两个人不能同时离开，去一个人总可以吧？"袁尚心想：我若不答应他的要求，他便可以找借口不出兵迎敌。无奈之下，只好回头对二位谋士说："你们都是我的心腹，我舍不得你们离我半步。现迫于情势需要，只好让你们其中一人前往了。你二人拈上一阄，拈着的便去。"

逢纪、审配二人闻言无话可说，只好拈阄以定去留。谋士逢纪拈着后，便随郭图来到袁谭营中，不久便死于非命。这样，袁尚身边就只有审配一人相辅了。

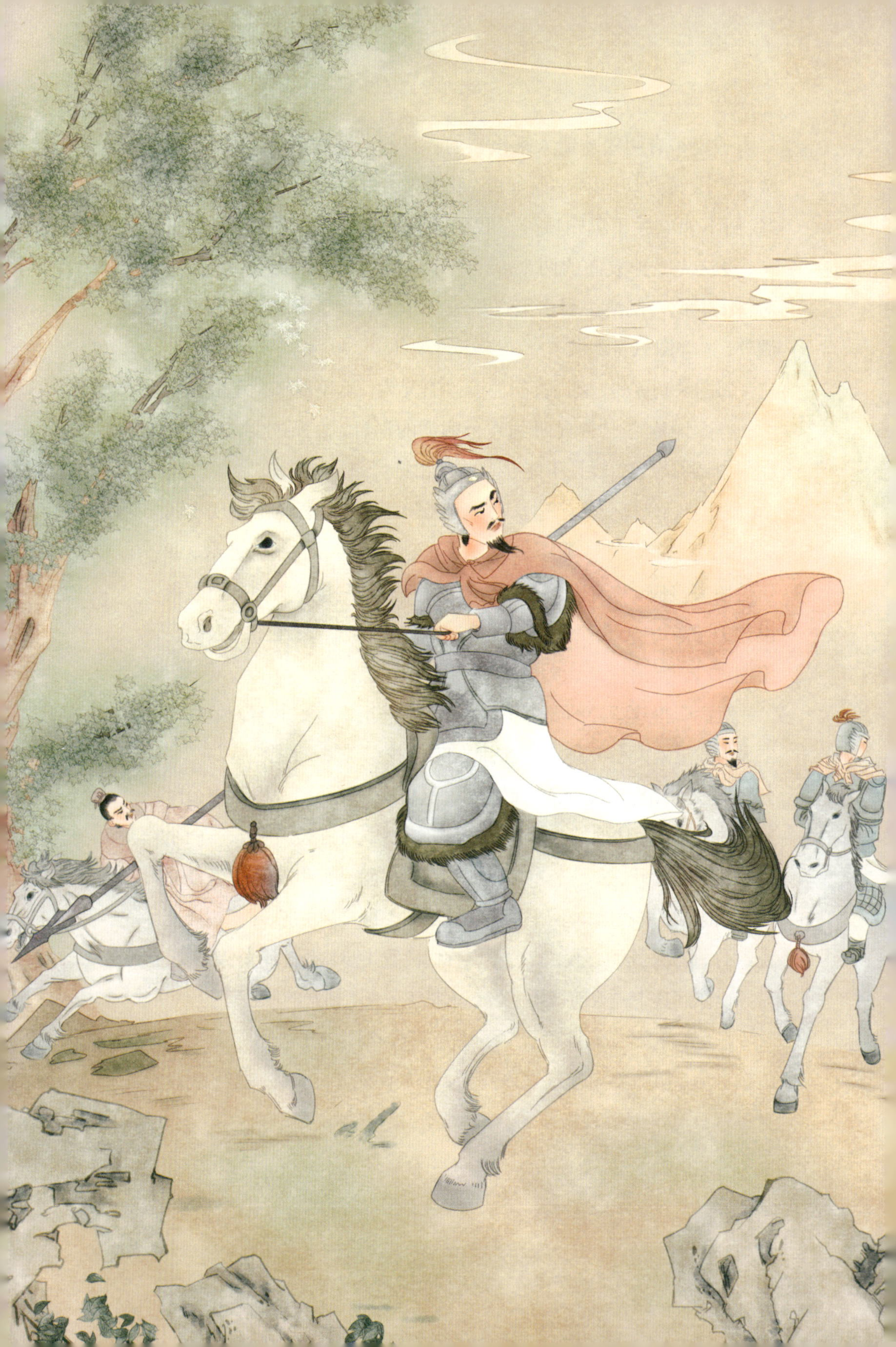

郑和计平锡兰

1409年10月，郑和第三次下西洋，访问越南、马来西亚、印度等地。郑和的船队带了诸多珠宝及土特产等，准备恩威并施，使这些国家臣服于明朝。

船队抵达锡兰时，锡兰王亚烈苦奈儿想对郑和施下马威，意图谋害郑和船队。亚烈苦奈儿假意邀请郑和入城见面，又派出军队五万人，想出其不意劫掠宝船，又伐木阻断郑和的归路。

郑和已察觉到锡兰王的阴谋诡计，便将计就计，一面假意答应入城，趁对方军队倾巢而出、后方空虚之时，带领二千精兵趁夜绕道袭击王城；一面在中途埋伏大军，截击敌军。

正当亚烈苦奈儿洋洋得意之时，王城突然发生骚动，原来，郑和的军队已破城而入。城内实力空虚，又毫无防备，锡兰王很快就被生擒了。亚烈苦奈儿派出的五万军队得悉王城被袭，忙回军救援，又被郑和的伏兵生擒截击，全军覆没。锡兰只得臣服于明朝。

第二十计　浑水摸鱼

浑水摸鱼的本义是把水搅浑，使鱼晕头转向，乘机摸鱼，可以得到意外的好处。比喻趁混乱时机获取利益。运用此计的关键是指挥者对于形势的正确判断，要发挥主观能动性，千方百计把水搅浑，然后就可以借机行事，谋取利益。

原文

乘其阴乱[①]，利其弱而无主。《随》，以向晦入宴息[②]。

【按语】动荡之际，数力冲撞，弱者依违无主，散蔽而不察，我随而取之。《六韬》曰："三军数惊，士卒不齐，相恐以敌强，相语以不利，耳目相属，妖言不止，众口相惑，不畏法令，不重其将，此弱征也。"是鱼，混战之际，择此而取之。如：刘备之得荆州，取西川，皆此计也。

注释

①乘其阴乱：乘敌人内部发生混乱。阴，内部。

②《随》，以向晦入宴息：语出《易经·随卦》。《随》，卦名。本卦为震下兑上。上卦为兑为泽；下卦为震为雷。言雷入泽中，大地寒凝，万物蛰伏，故卦象名"随"。随，顺从。《随卦》的《象》辞说："泽中有雷，随。君子以向晦入宴息。"意思是说，人要随应天时去作息，向晚就当入室休息。本计运用这一象理，旨在说明打仗时要善于抓住敌方的可乘之隙，随机行事，乱中取利。

译 文

乘着敌方内部发生混乱,利用他力量虚弱且没有主见之时,使他顺随于我,就像《易经·随卦》象辞所说的人到夜晚必须入室休息一样。

【按语】局面混乱不定,一定存在着多种互相冲突的力量,那些弱小的力量这时都在考虑到底要依靠哪一边,一时难以确定,敌人又被蒙蔽难以察觉。这个时候,我方就要乘机把他们争取过来。古代兵书《六韬》中说:"全军多次受惊,军心不稳,又因把敌人估计得过强而产生恐惧心理,互相说一些不利的话,挤眉弄眼,交头接耳,谣言不断,不怕法令,不尊重将领,这些都是怯弱的征兆。"这种军队就像浑水中的鱼,应该趁乱捕捉,夺取胜利。比如刘备得荆州、取西川,用的就是这样的计谋。

计名探源

"浑水摸鱼"一语,起初可能是渔民们从捕鱼实践中摸索、总结出来的一句经验性俗语,后来逐渐被移植到社会生活的其他领域,兵家和军事指挥员们将之用作军事术语。

延伸阅读

傅永移标乱敌阵

南北朝时,南齐皇帝派大将鲁康祚、赵公政率一万大军进攻北魏豫州的太仓口。豫州刺史命令建武将军傅永率三千人马前去阻击。鲁康祚将军队驻扎在淮河南岸,傅永在淮河北岸十里处安营扎寨,严阵以待。局势一触即发。

面对着敌强我弱的形势,傅永做了详细的分析,认为吴楚将领惯于偷营劫寨。根据这一特点，傅永准备伏击夜里劫寨的齐军。一切都布置妥当后，他找来了十几名精壮士兵，对他们说："如果敌人夜里偷袭，一定会从河水较浅的地方渡河，并且事先在南岸准备好火把，以便他们返回时点燃，作为标记。你们几个人趁黑偷渡到南岸，隐藏在河水最深的岸边。敌人渡河来北岸的时候，你们先按兵不动。等到他们返回南岸时，南岸的齐军一定会点燃火把。这时，你们也马上在最深的地方点起火把来。这样就可以混淆视听，我们趁乱出击。"

果不其然，当天夜里，齐军偷渡淮河，展开偷袭。等到齐军接近魏军的营地时，傅永一声令下，埋伏在营地外两侧的魏军如潮水般地向齐军包围过来。鲁康祚一见自己中了埋伏，慌忙命令部队调头向南岸撤退。这时，南岸亮起了许多火把标记，齐军一片混乱，分辨不清位置，纷纷从魏军火把标记的河水最深处渡河，大量齐军被淹死。魏军趁机追击，齐军大败，赵公政也被魏军活捉。鲁康祚连人带马坠入淮河中被淹死。

傅永用移标乱阵之法，浑水摸鱼，大败齐军，获得了胜利。

诸葛亮草船借箭

周瑜是东吴孙权手下的大将，对诸葛亮心怀妒忌，并且认为有诸葛亮辅佐刘备，蜀国不久将成为东吴的大患，因而对诸葛亮起了杀心。

一次，周瑜以孙刘两家合力抗曹的名义，要求诸葛亮在十日之内造十万支箭。没想到，诸葛亮说："曹军将至，若等待十日，必误大事。我只需三日，便可完成任务。"周瑜听后又惊又喜，当即与诸葛亮立下军令状，心想此事绝难完成，到时可借此杀了诸葛亮。

鲁肃不忍看周瑜图害诸葛亮，便前去跟诸葛亮商量对策。诸葛亮说："还请你帮帮我。希望你能借我二十只船，每船上要三十名军士，船用青布幔子遮起来，再将一千多个草把子摆在船的两边，我自有妙用。只是千万别让周瑜知道。"鲁肃不解其意，但为了挽救诸葛亮的性命，便答应了。

鲁肃依诸葛亮的要求送去船、人和草把子，但一直没见诸葛亮那边有什么动静。鲁肃疑惑不解。直到第三天半夜，才见诸葛亮派人来请鲁肃，鲁肃见了面问："你叫我来干什么？"诸葛亮说："请你来和我一起去取箭。"鲁肃更加迷惑不解，问："到哪里取呢？"诸葛亮说："不用问，到了就知道了。"随后诸葛亮下令把二十条船用长索连好，然后上船直往长江北岸开去。

此时天降大雾，长江之上雾气弥漫，伸手不见五指。鲁肃不安地问："我们人单力孤，如果曹兵出来怎么办？"诸葛亮回答："雾这么大，曹操肯定不敢派兵出来。我们只顾饮酒作乐即可。"

曹操见为数不多的船乘雾驶来，料定后面必有埋伏，于是命令士兵不可轻举妄动，只叫弓箭手开弓放箭。待到日出雾散时，二十只船两边的草把子上都插满了箭。诸葛亮下令收船速回，又让船上士兵大喊："谢曹丞相送箭！"

周瑜得知这件事后，感慨地说："诸葛亮神机妙算，我实在不如他啊！"

诸葛亮草船借箭使用的就是浑水摸鱼之计，江面大雾犹如"浑水"，借来的十万支箭相当于"鱼"。这条"鱼"使诸葛亮保住了性命。

第二十一计　金蝉脱壳

金蝉脱壳的本义是指蝉（知了）在变为成虫时，本体脱离外壳而走，只留下蝉壳还挂在枝头。比喻只留下表面的假象，实际上早已经离开。此计作为计谋，指用计脱身，而不使人发觉。这里的"脱"，不是惊慌失措，消极逃跑，而是存其形式，抽去内容，稳住敌方，脱离险境。

原文

存其形，完其势[①]；友不疑，敌不动。巽而止，《蛊》[②]。

【按语】共友击敌，坐观其势。倘另有一敌，则须去而存势。则金蝉脱壳者，非徒走也，盖为分身之法也。故大军转动，而旌旗金鼓俨然原阵，使敌不敢动，友不生疑。待己摧他敌而返，而友敌始知，或犹且不知。然则金蝉脱壳者，在对敌之际，而抽精锐以袭别阵也。如：诸葛亮病卒于军，司马懿追焉。姜维令仪反旗鸣鼓，若向懿者，懿退，于是仪结营而去。檀道济被围，乃命军士悉甲，身白服乘舆徐出外围。魏惧有伏，不敢逼，乃归。（《南史·檀道济传》《广名将传》）

注释

①存其形，完其势：保存阵地已有的战斗阵形，完备继续战斗的各种态势。

②巽而止，《蛊》：语出《易经·蛊卦》。《蛊卦》为巽下艮上。艮为山、为刚，为阳卦；巽为风、为柔，为阴卦。故蛊的卦象是"刚上柔下"，意即高山沉静，风行于山下，事可顺当。艮在上，为静；巽在下，为谦

逊，故又是"谦虚沉静""弘大通泰"的天下大治之象。蛊，有顺的意思。此计引本卦《象》辞，"巽而止，《蛊》"，意为暗中谨慎地实行主力转移，稳住敌人；乘敌不惊疑之际，脱离险境。

译文

保存阵地原形，完备继续战斗的各种态势。使友军不怀疑，敌人也不敢贸然进犯。这是从《易经·蛊卦》"巽而止，《蛊》"一语中悟出的道理，即暗中谨慎地实行主力转移，稳住敌人，事情就会变得顺利。

【按语】和友军一起进攻敌人，要学会坐观态势。如果还有另外的敌人，最好的办法就是巧妙脱身，从旁观望，但要保持原来阵容的气势。所以说金蝉脱壳不是逃跑，而是分身之法。军队已经转移，但是旌旗、军鼓、营帐都摆在原地，制造军队仍然在原地的假象，让敌友双方都不产生怀疑。等到败敌而返，敌军和友军才发觉，或仍然蒙在鼓里。金蝉脱壳就是在临阵对敌的时候，偷偷抽调精锐主力偷袭别人。例如：诸葛亮病死军中，司马懿追击不止，姜维命令杨仪鸣鼓反击，冲向司马懿。司马懿以为是诸葛亮的诱敌之计，迅速撤退，杨仪因此从容撤退。檀道济曾经被敌人围困，居然命令全军顶盔贯甲，自己穿着白色的服装坐在车上，不慌不忙地走出敌人的包围圈。魏军见此状，以为有埋伏，居然不敢紧逼。最终，檀道济得以收兵回营。（参见《南史·檀道济传》《广名将传》）

计名探源

古人常用蝉蜕比喻获得解脱，比如《史记·屈原贾生列传》中说："自疏濯淖污泥之中，蝉蜕于浊秽，以浮游尘埃之外，不获世之滋垢，皭然泥而不滓者也。"意思是说，屈原自动地远离污泥浊水，像蝉脱壳那样摆脱污秽环境，以便超脱世俗之外，不沾染尘世的污垢，依

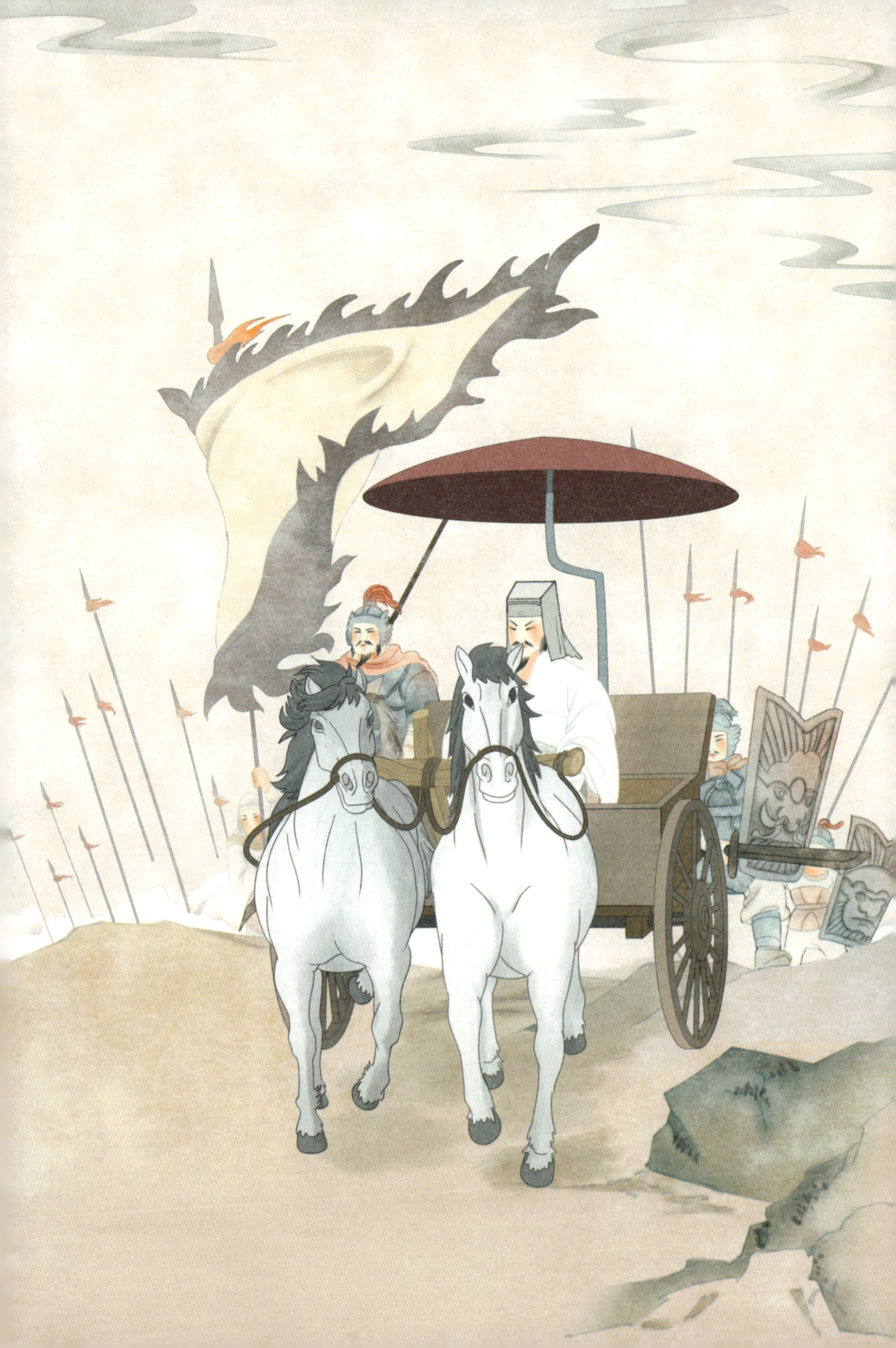

旧保持高洁的品德。又如《淮南子·精神训》中云："蝉蜕蛇解，游于太清。"意思是说，像蝉和蛇一样摆脱躯壳束缚，游于无端自由的精神境界。金蝉脱壳是何时用于军事的，尚无定论，但不晚于元朝，因为元人惠施《幽闺记·文武同盟》中说："曾记得兵书上有个金蝉脱壳之计。"

【延伸阅读】

吕布设计逃出虎口

吕布被李傕、郭汜打败之后，打算投奔袁术，但袁术拒绝任用他。吕布只好投奔与董卓有宿怨的袁绍，由于吕布在袁绍面前自恃骁勇，引起了袁绍的不满，袁绍准备找机会除掉吕布这个心腹大患。这一打算被吕布发现，为了躲避杀身之祸，他便向袁绍请求离开河北。

起程那天，袁绍派了三十名伪装成护卫的刺客跟随吕布，名为护送，实则要寻找机会干掉吕布。吕布也深知处境之危险。这天晚上，吕布等人在野外宿营，他让袁绍派来的三十名随从住在帐篷附近，让自己的一个亲信在帐篷中鼓瑟。因为瑟声不断，所以大家都认为吕布仍在帐内。吕布就利用这个机会，神不知鬼不觉地偷偷脱身逃走。三更过后，瑟声停止，刺客们悄悄地进入帐内，不问青红皂白朝床上一阵猛砍，发现情况不对，点起灯来才发现吕布早已不知去向。

吕布为了摆脱袁绍派来的刺客的谋害，以鼓瑟作为巧妙的伪装，转移敌人的视线，借机脱身而去。这是金蝉脱壳一计的成功案例。

金蝉脱壳，避祸存身

846年，唐武宗李炎病死，宦官马元贽等认为武宗的叔叔李忱平庸笨拙，较易控制，便拥立李忱为帝。

李忱小的时候，宫里的人便觉得这孩子有点傻。等到他的几个侄子先后当上皇帝，他就更显得笨呆呆的，平时深居简出，很少同人来往。李忱的这些侄子都看不起他，总是拿他开心，甚至当众羞辱他，他也不急不恼。

然而身处皇室，不可避免地要被卷进权力斗争中。武宗皇帝对李忱尤为猜忌，认为他是装傻，曾将他关进监狱，后来又将他囚于厕所之中。有个宦官看李忱可怜，便对武宗说："他是皇叔，总关在厕所中也不太好，要不干脆杀掉他！"武宗说："行，你去办吧！"

这个宦官便将李忱从厕所中放出，装在一辆破车上，上面盖着粪干杂物，悄悄运出宫来，到自己家中秘密收养下来，李忱才免于一死。

唐武宗死后，李忱被拥立为皇帝。在位期间，他勤于政事，勤俭治国，使得国泰民安。后来，人们把他在位的这一时期称为"大中之治"。

第二十二计 关门捉贼

关门捉贼的本义指关上房门,然后去捉家里偷东西的贼。后贼引申为弱小的敌人,关门捉贼即四面包围弱小的军队,聚而歼之。这是一种围歼敌人的计谋,运用得好,甚至可以歼灭敌军主力部队。关门捉贼与关门打狗、瓮中捉鳖等意思相近。

原文

小敌困之。《剥》,不利有攸往①。

【按语】捉贼而必关门,非恐其逸也,恐其逸而为他人所得也。且逸者不可复追,恐其诱也。贼者,奇兵也,游兵也,所以劳我者也。《吴子》曰:"今使一死贼伏于旷野,千人追之,莫不枭视狼顾。何者?恐其暴起而害己也。是以一人投命,足惧千夫。"追贼者,贼有脱逃之机,势必死斗;若断其去路,则成擒矣。故小敌必困之,不能,则放之可也。

注释

①《剥》,不利有攸往:语出《易经·剥卦》。《剥卦》为坤下艮上。上卦为艮、为山,下卦为坤、为地。意即广阔无边的大地在吞没山岳,故卦名曰剥。剥,落也。《剥卦》的卦辞说:"剥,不利有攸往。"意思是说:当万物呈现剥落之象时,如有所往,则不利。此计引此卦辞,是说对小股敌人要即时围困消灭,而不要去急追或者远袭。

译文

对弱小的敌人,要加以包围、歼灭(如果纵其逃去而又穷追远赶,那是很不利的)。这是从《剥卦》卦辞"《剥》,不利有攸往"一语中悟出的道理。

【按语】捉贼时必须要关上门,这并不是怕他逃走,是怕他逃走后被他人利用。而且,不可再去追赶已经逃走的贼,是怕中了他的诱兵之计。所谓贼,就是指那些性情狡猾、善于奇袭、神出鬼没、专门使我疲劳的人。《吴子兵法》里说:"现在让一个亡命之徒隐藏到旷野中,即使让千百人去追他,追捕者没有一个不左顾右盼、顾虑重重的。这是为什么呢?是怕贼突然跳出来伤害自己。所以,一个亡命之徒,就足以让一千个人害怕。"追击贼的正确方法是:贼只要有逃脱的机会,就必然会拼死搏斗;如果截断他逃脱的道路,贼就必然会被捉住。因此,对付小股敌人,就必须围困他,如果做不到,暂时放他走也是可以的。

计名探源

关门捉贼是流传很久的民间俗语,其起源已经无法考证。《孙子兵法·谋攻篇》里说:"故用兵之法,十则围之,五则攻之,倍则分之。"大意是:用兵的法则是:有十倍于敌的兵力就包围敌人;有五倍于敌的兵力就进攻敌人;有两倍于敌的兵力就分散敌人。从中可以看出关门捉贼的思想。

【延伸阅读】

减灶增兵,设伏马陵

战国时期,孙膑与庞涓作为同门师兄弟,共同在当时最著名的军事家鬼谷子门下学习。庞涓先一步下山，在魏国做了军师，统领全国军队。不久，他的军事才能得到施展，打了几次胜仗，深得魏王的信任和宠幸。利欲熏心的庞涓念念不忘他的师兄孙膑，在心里早与孙膑势不两立。庞涓自知学识、才干比不上孙膑，孙膑出山即意味着他的毁灭：孙膑投魏与他共事魏王，他官位难保；孙膑另投别国，势必与魏作对，他又难与之匹敌。因此，庞涓邀孙膑到魏国，设计加害，骗孙膑传授兵法于前，施刖刑致其残废于后，甚至逼其当众装疯吃屎。

　　孙膑当然咽不下这口恶气，逃回齐国之后，先施围魏救赵之计，使庞涓功败垂成，而后又极力促成齐国与魏国开战。与庞涓对阵以后，假装初战不利，退兵败逃，引诱庞涓领兵来追。退兵途中又用增兵减灶之计麻痹庞涓，使其骄纵轻敌，以为齐军不堪一击。就这样，孙膑且战且走，一直把庞涓引到了一个叫马陵道的狭长山谷。庞涓到此时尚不知中计，甚至认为孙膑用以堵截他去路的树木是为了减缓自己追击的速度。直到齐国军队展开进攻，逃生无路时，才不得已拔剑自杀。

　　在此，我们抛却庞涓道德修养如何不说，单说他误中孙膑关门捉贼之计，马陵道丧生，就说明他在用计、破计方面，着实较其师兄孙膑差了一截，没有给孙膑以应有的重视。以孙膑的治军才能，怎么会在庞涓的面前节节败退，又怎么会日日有手下军士逃

三十六计解析 ◎ 第四套 混战计

走或开小差？偏偏庞涓是个好大喜功、急功近利之人，当时考虑更多的是怎么追拿到孙膑，如何在魏王面前请功受赏。于是，庞涓一路穷追猛赶，最后落入孙膑的埋伏圈，兵败身亡。

温造巧设圈套斩叛军

唐宪宗时，戎族和羯族侵犯中原地区。朝廷四方召集兵马来平定边境之乱。皇帝的诏书下达到南梁，命令当地派出五千人马前往京师。刚要起兵，士兵叛乱，赶走了统帅，聚集起来抗拒命令。这种状况持续了一年多，唐宪宗深感不安，认为这是一大祸患，欲除之而后快。京兆尹温造请求担当此任。

南梁人见只是来了一个儒生，都相互祝贺道："想必朝廷不会问罪于我们了，我们不用害怕了。"温造只是宣读了皇帝的诏书，安抚并问候大家，让大家安心生活，对作乱一事一句也没有提。而南梁军队中那些挑头作乱的人却带着武器进进出出，温造也并不戒备。

有一天，温造在球场设宴，全军士兵都去赴宴了。温造让士兵们在长廊下吃饭，饭桌前沿正对长廊的台阶，台阶两面设置了两根长绳，他让士兵们把自己的刀剑挂在面前的长绳上。不一会儿，酒上来了，忽然响起了一声鼓，温造手下的人站在长廊的台阶上，从两头齐力平举那两根长绳，那些刀剑一下子离地三丈多高。这些军人拿不到自己的武器，一下就乱了起来，没有办法施展他们的勇武。这时，温造把门关上，命令手下的人斩了这些叛军。从此以后，南梁人再也不敢造反了。

第二十三计　远交近攻

　　远交近攻的意思是联络结交距离远的国家，进攻邻近的国家。本是战国时期秦国采取的一种外交策略，后也指待人处世的一种手段。作为计策，远交近攻是分化瓦解敌方联盟，然后各个击破的战略性谋略。远交并不是真的交好，是为了避免树敌过多而采用的外交手段。消灭近邻之后，远交之国也就成了近邻，新一轮的征伐是不可避免的。

原　文

　　形禁势格①，利从近取，害以远隔。上火下泽②。

　　【按语】混战之局，纵横捭阖之中，各自取利。远不可攻，而可以利相结；近者交之，反使变生肘腋。范雎之谋，为地理之定则，其理甚明。(《战国策·秦策》《战略考·战国》)

注　释

　　①形禁势格：受到地势的限制和阻碍。禁，禁锢，限制。格，阻碍。

　　②上火下泽：语出《易经·睽卦》。《睽卦》为兑下离上。上卦为离为火，下卦为兑为泽。上火下泽，是水火相克。水火相克则又可相生，循环无穷。睽，离违，即矛盾。本卦《象》辞说："上火下泽，睽。"意为上火下泽，两相违离、矛盾。此计运用"上火下泽"相互违离的道理，说明采取"远交近攻"的不同做法，使敌相互矛盾、违离，而我方则可各个击破。

译文

如果受到地理形势的限制，攻取附近的敌方，就有利；攻击远隔的敌方，就有害。这是从《睽卦》象辞"上火下泽，睽"一语中悟出的道理。

【按语】在混战的局面中，各种势力联合、分离不定，但都各自获取利益。远处的势力不可以攻打，可以给予利益来结交；如果跟近处的势力结交，反而使变故发生在自己身边。范雎提出的远交近攻策略，符合地理的原则，其中的道理是显而易见的。(参见《战国策·秦策》《战略考·战国》)

◆◆ 计名探源 ◆◆

本计语出《战国策·秦策》："范雎曰：'王不如远交而近攻，得寸，则王之寸；得尺，亦王之尺也。'"意思是说，大王（秦昭襄王）不如联络结交距自己远的国家，而攻击占领和自己邻近的国家。这样得到一寸土地，就称王一寸土地，得到一尺土地，就称王一尺土地。这是范雎说服秦昭王的一句名言。后来秦国把"远交近攻"定为国策，逐步吞灭六国，最后一统天下。

【延伸阅读】

烛之武退秦师

公元前630年，郑国遭到其左右两个大国秦国和晋国的联合进攻，秦、晋两国的军队很快就进逼郑国国都城下。眼看郑国危在旦夕，郑国君主文公连夜召集文武百官商量对策，最后决定派富有外交斗争经验、善于辞令的大臣烛之武前去说服秦国退兵。

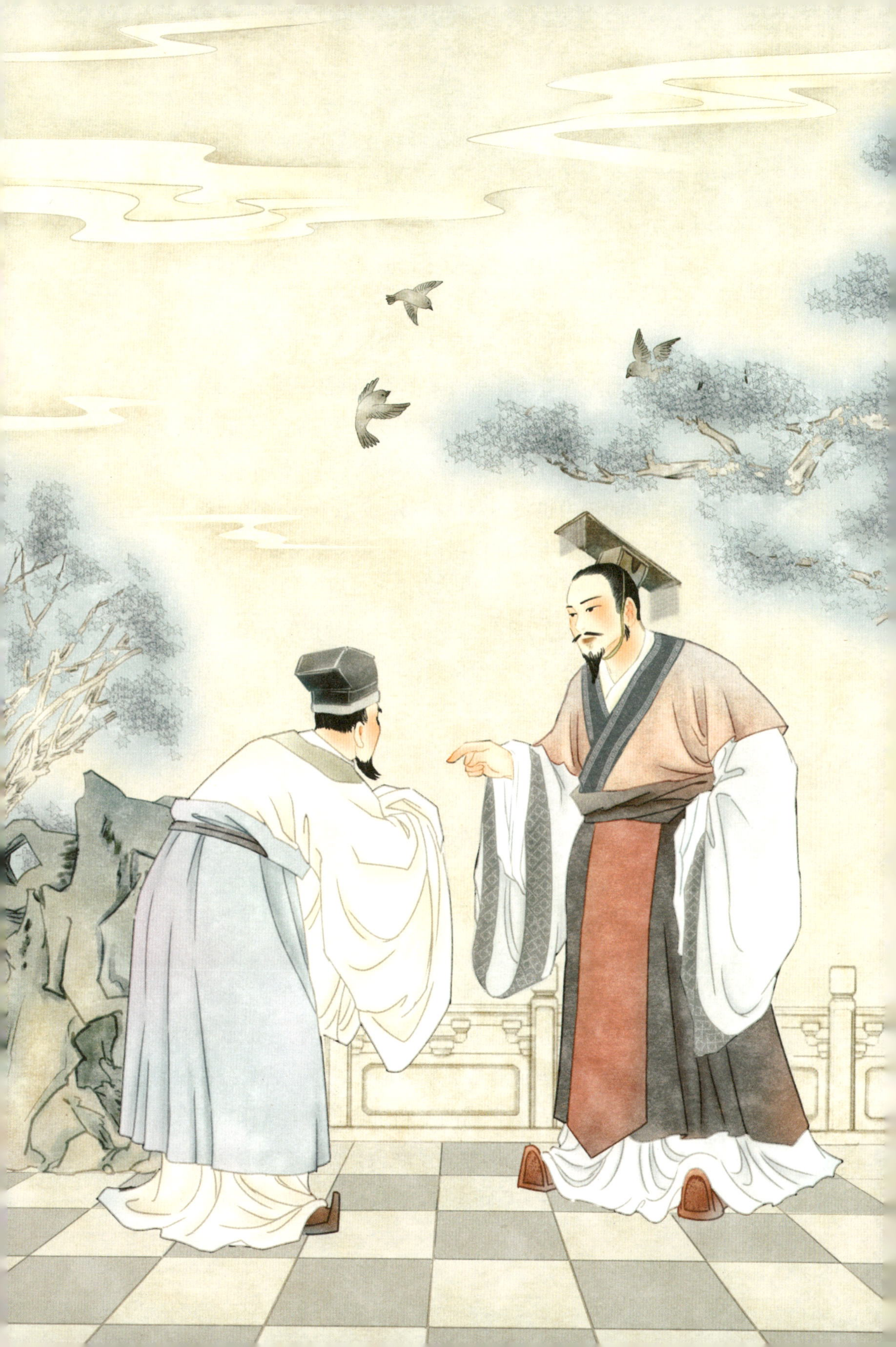

当时秦军驻扎在城东，晋军驻扎在城西，两军合兵攻城却各不相照。有人乘夜用绳子将烛之武从城上放下去，烛之武直奔秦营门前放声大哭。

秦穆公叫手下人把烛之武叫了进来，问："你到我们军营里来哭什么呢？"

烛之武说："我们郑国的国土和贵国并不相连。我们在东，你们在西，中间隔着晋国。郑国灭亡了，我们的疆土只能被晋国占去。你们秦国很难跳过晋国来占领郑国的土地。秦晋两国本来力量相当，势均力敌，如果晋国得到郑国土地，实力就会比以前更强，而秦国的势力也将相对地减弱。你现在帮助晋国强大起来，其实是养虎为患，将来你们秦国一定会反受其害的。再说，晋国历来言而无信，这几年，他们一直扩军备战，其野心不会有满足的时候。晋国今天灭了郑国，难保明天不向西边的秦国扩张。"

于是，秦穆公答应立即撤兵，并且和郑国订立了盟约。秦军悄悄班师回国，还留下杞子等三名将军带领两千秦兵帮助郑国守城。

联吴制楚，复兴霸业

春秋时期，晋楚长期争霸。公元前632年，晋楚城濮（今山东鄄城临濮）一战，晋文公完成"取威定霸"的业绩，使楚北上再次受阻。公元前597年，晋楚邲（今河南荥阳东北）之战后，楚庄王饮马黄河，雄视北方，晋国的霸业中衰。此后，秦楚联合对晋，齐鲁附楚，晋国处于四面受敌的不利形势之下。晋景公即位后，立志复兴霸业，改变与楚争霸的不利态势。他首先采取软硬兼施、一打一拉的手法，与齐国建立了联盟，摆脱了四面受敌之困境。但是，秦楚联合，楚无后顾之忧，晋从正面进攻，想制服楚国仍然十分不易。

公元前589年，齐晋鞍之战的时候，楚国大夫巫臣投奔晋国，晋景公任命他为邢（今河北邢台西南）大夫。楚人尽灭巫臣族人，巫臣大怒，于是他于公元前584年向晋景公提出"联吴制楚"的谋略。晋景公采纳了巫臣之谋，重新调整了自己的战略重点，采取了一系列谋略行动：以中原先进的装备和技术重点扶持吴国的发展；派巫臣父子随带兵车及步卒做示范队，出使吴国，教吴人射箭、驭马、车战、步战之法；集中力量慑服地处中原楚的属国，削弱楚的力量。

上述谋略行动使远在东南的吴国日渐兴起，在楚国的翼侧不断进犯，使楚陷于两面作战、疲于奔命的不利境地，从而为晋国战胜强楚、复兴霸业奠定了基础。

第二十四计　假道伐虢

假道，是借路的意思。虢是春秋时期诸侯国名。假道伐虢的本义是晋国借道虞国讨伐虢国。后一般指越过中间地区，先去攻下较远的地区，待中间地区孤立之后，再回头围而歼之。此计的关键在于假道，要善于寻找假道的借口，隐藏好假道的真实企图。

原文

两大之间，敌胁以从，我假①以势。《困》，有言不信②。

【按语】假地用兵之举，非巧言可诳，必其势不受一方之胁从，则将受双方之夹击。如此境况之际，敌必迫之以威，我则诳之以不害，利其幸存之心，速得全势。彼将不能自阵，故不战而灭之矣。如：晋侯假道于虞以伐虢。晋灭虢，虢公丑奔京师。师还，袭虞灭之。（《左传·僖公二年》《左传·僖公五年》）

注释

①假：假借。

②《困》，有言不信：语出《易经·困卦》。《困卦》为坎下兑上。上卦为兑、为泽、为阴；下卦为坎、为水、为阳。卦象表明，本该容纳于泽中的水，现在离开泽而向下渗透，以致泽无水而受困。同时，水离开泽流散无归也是困，所以卦名为"困"。困是困乏的意思。《困卦》的卦辞说："《困》，有言不信。"大意是：处在困乏境地，难道还能不相信强者的话吗？本计运用此卦理，是说处在两个大国中的小国，面临着受人胁迫

的境地。这时，我若说要去援救他，在困顿中的他能不相信吗？

译 文

处在敌我两个大国中间的小国，当敌方强迫它屈服的时候，我方要立刻出兵，给予援救，如此就能取得小国信任。这是从《困卦》卦辞"《困》，有言不信"一语中悟出的道理。

【按语】假道用兵的行动，靠花言巧语来欺蒙是行不通的，必须是这个国家处于这样的形势：如果它不受来自一方的威胁，就会遭到双方的夹击。在这种情况下，敌人必然会用武力来逼迫它，我方却从不侵犯它的利益，利用它侥幸图存的心理，立刻控制整个局势。这样，它势必不能够保住阵地，所以不必经过战斗，就可以把它消灭了。例如，春秋时期，晋献公向虞国借道征伐虢国。晋国将虢国消灭之后，虢国的国君姬丑逃到了东周的京城洛邑。晋国军队在返回的途中，又袭击虞国，并将它灭掉了。（参见《左传·僖公二年》《左传·僖公五年》）

◆◆ 计名探源 ◆◆

此计出自《左传·僖公二年》和《左传·僖公五年》。春秋时期，晋国想吞并邻近的两个小国：虞和虢。这两个国家之间关系不错。晋如袭虞，虢会出兵救援；晋若攻虢，虞也会出兵相助。大臣荀息向晋献公献上一计，即将宝物赠送给虞公，请求借道以伐虢。虞公看到宝物喜不自胜，不顾大臣劝阻，接受了晋国的要求。晋国大军通过虞国道路，攻打虢国，很快就取得了胜利。晋军在班师回朝的时候，顺手灭掉了虞国，虞公一家都成为俘虏。

【延伸阅读】

先救后伐灭前燕国

369年，东晋大将军桓温率军讨伐前燕。燕王慕容暐派使臣到前秦请求支援，条件是将虎牢关以西地区送给前秦。

前秦皇帝苻坚拿不定主意，便召集群臣商议。大多数人不同意发兵支援前燕，因为当初桓温攻打前秦时，前燕袖手旁观，也没有支援前秦，且他们认为前燕国国君没有诚信。但是，大臣王猛提出了不同意见，说："如果桓温将燕国攻打下来，力量会更加强大，到时候恐怕会对秦国造成威胁。如果我们与燕国合力攻打桓温，桓温将不是我们的对手。经过交战，燕国的力量会大大减弱，到那时我们可以就地占领燕国。"苻坚采纳了王猛的建议，发兵两万去支援前燕。

经过燕秦的联合抵抗，桓温被迫退出前燕。前秦军在前燕撤退之前向燕王索要虎牢关以西地区。燕王支支吾吾，有意耍赖。这样正中苻坚的下怀，前秦便以此为由派兵吞并了前燕。

苻坚救燕本来就抱着假道伐虢的想法，燕王食其诺言，正好为前秦军提供了口实，最终遭到灭顶之灾。

第五套 并战计

本套为应付友军反为敌之态势的计谋，共有偷梁换柱、指桑骂槐、假痴不癫、上屋抽梯、树上开花及反客为主六计。

「偷梁换柱」即暗中换掉敌方的重要力量，变己劣势为优势；「指桑骂槐」多用于训诫下属，上批评某人，实则对整个队伍起到警示作用；「假痴不癫」者看似痴傻，实则韬略颇深，只是以愚人的面目掩盖了自己的真实目的；「上屋抽梯」时，先设置好引诱敌人的诱饵，趁他登上屋顶以后，抽去梯子，使之进退两难；「树上开花」其实是用假花冒充真花，用幌子来震慑敌人；「反客为主」意味着己方要设法改变被动地位，逐渐占据主动权以压制敌人。

第二十五计　偷梁换柱

偷梁换柱的本义指偷换房梁房柱。原用以形容桀、纣力大无穷，后指用偷换的办法，暗中改换事物的本质和内容，以达到蒙混欺骗的目的。作为计策，指在同敌人作战时，调动敌人以使其变换阵容，换掉敌军主力，然后伺机攻其弱点。偷梁换柱与偷天换日、偷龙换凤和调包计意思相似。

原文

频更其阵①，抽其劲旅②，待其自败，而后乘之③，曳其轮④也。

【按语】阵有纵横，天衡为梁，地轴为柱。梁柱以精兵为之，故观其阵，则知其精兵之所在。共战他敌时，频更其阵，暗中抽换其精兵，或竟代其为梁柱，势成阵塌，遂兼其兵。并此敌以击他敌之首策也。

注释

①频更其阵：频，频繁，不断地。其，指示代词，这里是指友军。阵，古代作战时用的阵式。

②劲旅：精锐部队，主动部队。

③乘之：这里是指趁机加以控制。乘，趁机。

④曳其轮：出自《易经·既济卦》："曳其轮，义无咎也。"意思是说：只要拖住了车轮，便能控制车的运行，这是不会有差错的。曳，拖住。

译文

频繁变更友军的阵式，借以暗中抽换其主力，等到它自趋失败，再趁机加以控制。这就像《易经·既济卦》所说的：要控制住车的运行，必须拖住车的轮子。

【按语】阵式中列阵都要按东、西、南、北方位部署。阵中有"天衡"，首尾相对，是阵的大梁；"地轴"在阵中央，是阵的支柱。梁和柱的位置都是部署主力部队的地方。因此，仔细观察敌阵，就能发现敌军的主力位置。如果与友军联合作战，应设法多次变动友军的阵容，暗中更换友军的主力，派自己的部队去代替他的主力，这样会使友军的阵地无法由它自己控制，这时，立即吞并友军的部队。这是吞并一股力量后，再去攻击另一股敌人的首要战略。

◆◆ 计名探源 ◆◆

本计语出宋朝罗泌《路史·发挥》。里面说桀、纣能"倒曳九牛，换梁易柱"，意思是说桀、纣力气之大，可以拉倒九头牛，可以改换房子的梁柱。后来"换梁易柱"作"偷梁换柱"。如程高本《红楼梦》第九十七回有言："偏偏凤姐想出一条偷梁换柱之计，自己也不好过潇湘馆来，竟未能少尽姊妹之情，真真可怜可叹。"

【延伸阅读】

赵高偷换密诏

公元前210年10月，秦始皇进行第五次南巡，在到达平原津（今山东平原附近）时，突然病倒了。随着病情逐渐加重，已年逾半百的秦始皇知道自己大限将至。于是，秦始皇连忙召丞相李斯，让他传达密诏，要立扶苏为太子。当时掌管玉玺和起草诏书的是宦官赵高。赵高向来与扶苏合不来，赵高担心扶苏即位后对自己不利。而秦始皇的幼子胡亥昏庸无能，若让胡亥即位，可便于自己控制，于是暗中扣压了密诏。

不久，秦始皇在沙丘（今河北邢台广宗境内）驾崩。此时太子未立而皇帝又死于宫外，李斯怕会导致政局动荡、民心不稳，所以秘不发丧。赵高知道机会来了，特地去找李斯，跟他说："皇上立太子的诏书，还扣在我这里。现在，立谁为太子，我和你就可以决定。扶苏一旦即位，一定会任蒙恬为宰相，到那个时候，将把你置于何地？胡亥敦厚老实，乃太子的最佳人选。希望丞相慎重考虑。"一席话说得李斯心动了，二人合谋，制造假诏书，立胡亥为太子，以"不忠不孝"为罪名赐蒙恬和扶苏自裁。

赵高未用一兵一卒，只用偷梁换柱的手段，就把昏庸无能的胡亥扶为皇帝。胡亥即位后，赵高任郎中令，独揽大权，结党营私，施行暴政，为自己的厄运和秦朝的灭亡埋下了祸根。

汉高祖施巧计稳军心

公元前202年冬天，楚汉相争，刘邦在垓下包围了项羽的部队。

楚军大营内，项羽正在饮酒，一名将领进来报告："大王，我军内粮草已绝，军士们已经三天没吃一顿饱饭了，军心不稳啊！"

项羽问："有援兵的消息吗？"

将领回答："尚无消息。现在我军

内无粮草,外无救兵,垓下不宜久留啊!"

项羽站起身来,仰天长叹,然后说:"待明日我与刘邦决一死战,争取尽快摆脱困境。"

到了第二天,两军对阵,主帅出阵相迎。

项羽对刘邦说:"多年来天下纷扰,动荡不安,全都是我们二人造成的,我今天愿与你决一雌雄。若我死,你坐江山,若你亡,天下归我。"

刘邦大笑:"如今我兵力比你强,你已危在旦夕,还比什么武?今天我与你斗智,你若斗得过我,我就放你走,你若输给我,这江山可就是我的了。"

项羽十分恼怒:"你不过是区区小人,还说什么斗智?"

刘邦不理会,在两军阵前大声宣读了项羽的"十大罪状"。战场上一片寂静。

项羽气得不行,大声叫道:"刘邦小人,不得胡说!"随即向刘邦射出一箭,射中刘邦的前胸,刘邦疼得直不起腰来。刘邦心想:若我捂胸站起,全军将士定会惊慌,以为我身负重伤,军心定会更加不稳,那我军更没有胜算了。不如我来个偷梁换柱。于是他捏住脚趾大叫:"这恶奴射伤了我的脚趾头!"说罢转身回营。项羽自知寡不敌众,也只好扫兴地起身回营。众所周知,垓下之战,楚霸王项羽兵败自刎,刘邦取得了天下。

第二十六计　指桑骂槐

指桑骂槐的本义是指着桑树，却数落槐树，比喻表面上骂这个人，实际上是骂另一个人。作为一种计策，指桑骂槐在军事上是一种用杀鸡儆猴的手段来统领部下和树立威严的谋略。

原文

大凌小①者，警以诱之②。刚中而应，行险而顺③。

【按语】率数未服者以对敌，若策之不行，而利诱之，又反启其疑。于是故为自误，责他人之失，以暗警之。警之者，反诱之也，此盖以刚险驱之也。或曰：此遣将之法也。

注释

①大凌小：势力强大的控制势力弱小的。大，强大。小，弱小。凌，凌驾，控制。

②警以诱之：用警戒的方法进行诱导。警，警戒，这里是指使用警戒的方法。诱，诱导。

③刚中而应，行险而顺：语出《易经·师卦》："师，众也；贞，正也。能从众正，可以王矣。刚中而应，行险而顺。以此毒天下而民从之，吉又何咎矣。"这段话的意思是说：军队是由为数众多的人组成的。人数众多，必是良莠不齐，必须以正道使之统一，方可称王于天下。《师卦》为坎下坤上，九二为阳、为刚，处于下坎之中位，又与上坤的六五相应，象征着主帅得人并受到信任，这叫"刚中而应"。但《坎卦》又为水、为险，《坤卦》则为地、为顺，象征着为帅者需用险毒之举，方可使士兵顺从，

这叫作"行险而顺"。以险毒之举使全军将士归之于正，乐于顺从，其结果必将是专利的而不会有过错。

译文

凭借强大的实力去控制弱小者，需要用警戒的方法去进行诱导。这就像《师卦》所说的：适当地运用刚猛狠毒的办法，可以赢得人们的归顺，获得最后的成功。

【按语】统率一个还没有顺服于你的军队去对敌作战，如果你调动不了他们，这时，如果利诱，反而会引起他们的怀疑。在这种情况下，你可以故意制造事端，借此惩罚某人的过错，暗示警告那些不服从命令的人。所谓警告，就是从另一个角度来诱导制服他们，这是一种以刚猛狠毒的手段驱使他们服从管制的方法。也有人说这也是一种调兵遣将的方法。

计名探源

指桑骂槐是一句民间俗语，文字记录最早见于明朝兰陵笑笑生的《金瓶梅》。《金瓶梅》第六十二回有"他每日那边指桑树骂槐树，百般称快"一句。又如《红楼梦》第十六回："你是知道的，咱们家所有的这些管家奶奶，那一个是好缠的？错一点儿他们就笑话打趣，偏一点儿他们就指桑骂槐的抱怨。"

延伸阅读

田穰苴杀庄贾

春秋时期，齐景公任命田穰苴（又称司马穰苴）为将，带兵攻打晋、燕联军。田穰苴向齐景公请求派有威望的大臣做监军，齐景公答应了，派宠臣庄贾担当此任。田穰苴向齐景公告辞后，便去拜访了庄贾，最后二人约定第二天中午在营门集合出发。

第二天，田穰苴提前到了军营，命令下属装好作为计时器的标杆和滴漏盘，等候庄贾。庄贾向来骄横，他认为自己是监军，没有把跟田穰苴约定的时间当回事，在府中与前来为他饯行的亲友们相谈甚欢。约定的时间到了，庄贾却迟迟不来。田穰苴就打倒标杆，摔破滴漏盘，到军营宣布军令，整顿部队。直到黄昏时分，庄贾才姗姗来迟。田穰苴问他为何不按时到军营来，庄贾说："几个亲戚朋友来为我送行，喝了点酒，所以来迟了。"田穰苴非常气愤，斥责他："将领在接受命令的那一刻，就该忘掉自己的家庭；到了军队宣布纪律的时候，就该忘掉自己的父母；上阵作战的时候，就该忘掉自己的生命。现在敌军已经深入，我们已丢了一座城池，百姓生灵涂炭，国家岌岌可危，你还说什么送行不送行！"

田穰苴当着全军将士，叫来军法官，问："将领不按时到军营，按照军法应当如何处置？"军法官答道："该斩！"田穰苴即命拿下庄贾。庄贾吓得浑身发抖，他的随从连忙骑快马去报告，向齐景公请求救命。但是，还没等齐景公派的使者赶到，田穰苴就已经将庄贾斩首了。

全军将士各个吓得发抖。这时，齐景公派来的使者到了，传齐景公的命令让田穰苴赦免庄贾。田穰苴沉着地应道："将领在军队中，是可以不接受君王的命令的。"他见来使骄狂，便又叫来军法官，问道："在军营中随意跑马，按军法应当如何处理？"军法官答道："当斩！"来使吓坏了。田穰苴不慌不忙地说道："君王派来的使者是不可以处死的。"于是，田穰苴下令杀了使者的随从和三驾车的左马，砍断马车左边的木柱，然后让使者回去汇报。自己带领军队出发了。

田穰苴的军队军纪严明，战斗力旺盛，果然打了不少胜仗。

李斯献策灭韩

战国晚期，诸侯争雄，互相兼并。在偌大的政治舞台上，秦王嬴政采纳李斯的计谋，使韩国在六国中第一个被灭亡。李斯所用的正是指桑骂槐之计。

从秦孝公任用商鞅实行变法图强开始，秦国逐渐走向富强，到秦王嬴政时，秦国已兵强国富，实力远远超过了其他六国。秦国席卷四海、统一天下的形势已基本形成，需要进一步考虑统一的时机、谋略和步骤。

这时李斯向秦王嬴政进言，劝秦王嬴政抓住机遇。诸侯互相兼并，中原只剩下六国，现在是秦国万世难逢的好时机，千万不能坐失良机。但是，对中原六国不能只是硬攻，要善于运用谋略，恩威并用，软硬兼施。他建议秦王嬴政派出谋士间谍去游说诸侯，并让他们多带珠宝金玉，贿赂各国的权臣名士，让这些权臣名士为秦国工作，蒙蔽其君王，陷害其忠良，离间其君臣关系，阻止君王与别国联合反秦。金钱收买不了的，就派刺客去杀掉他，这会使六国内部越来越乱。最后，秦国扫平六国，统一天下，就不难了。

李斯还指出平定六国需要对准弱点，正面突破，应先灭韩国，再灭两翼，最后灭齐。他分析了六国的地理位置和实力状况，认为韩国地处天下之中，又正当秦军东向之路。韩国国势弱小，如

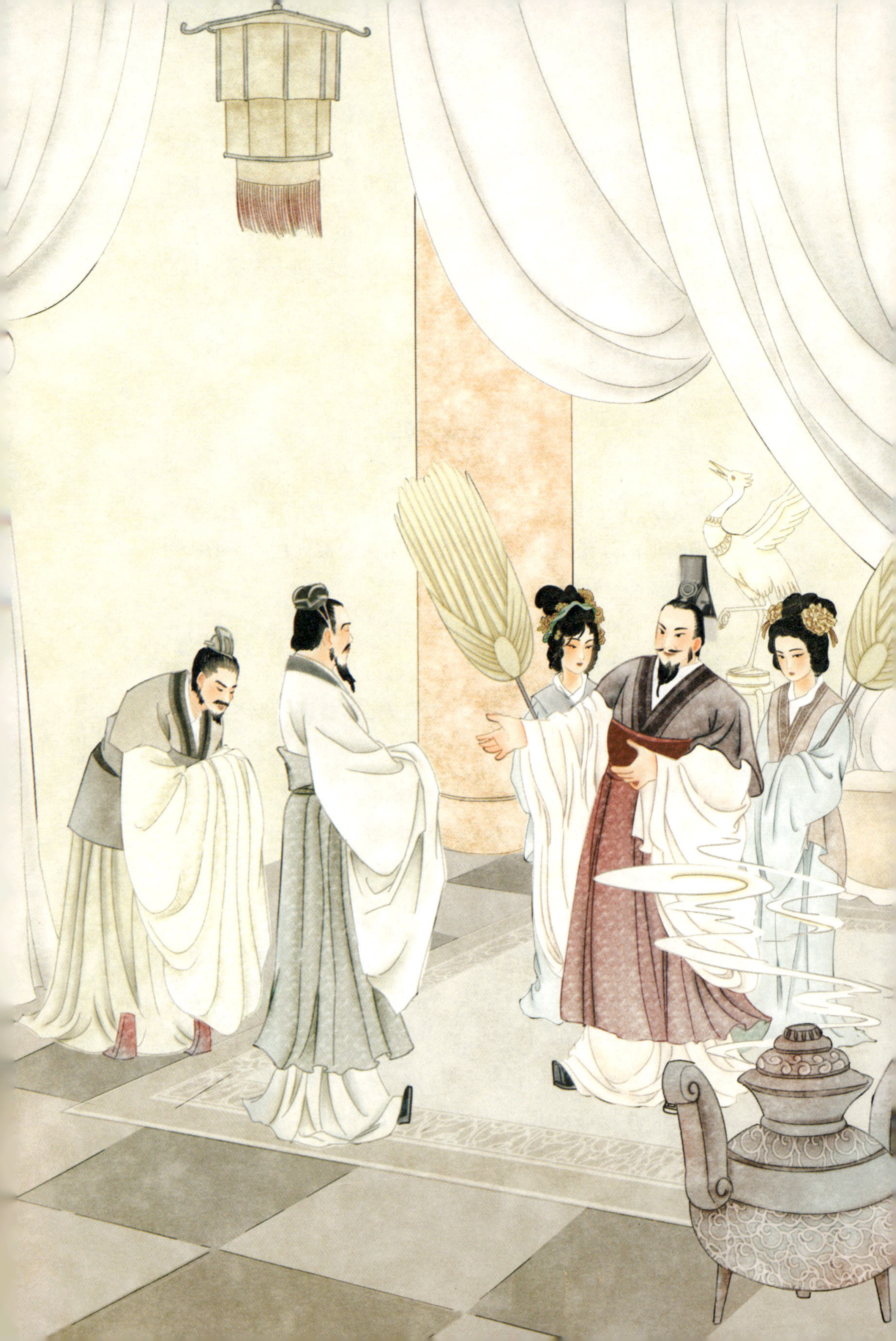

做突破口，这一炮容易打响。第一炮打响，不但可振军威，而且可敲山震虎，震慑其他五国。

于是，秦军向韩国边境进击，韩王极度恐慌。李斯又亲自出使韩国，威逼利诱，迫使韩王向秦称臣。于是，韩王就找韩非商量。韩非是韩国的王室贵族，曾和李斯一起跟老师荀况学习，都是荀况的学生。韩非曾提出更张强韩之策，未被采纳，就闭门著述。他的著作集先秦法家思想之大成，风行一时。秦王嬴政读过韩非的著作，十分仰慕。韩王考虑到韩非这些有利条件，就派他去秦国，想通过外交努力保存韩国。

韩非处于两难境地，作为一位深谙历史大势的思想家，深知秦灭六国已是水到渠成，不可逆转。但作为一个韩国贵族，韩非自然不忍祖宗的基业毁于一旦，还得做一次最后努力，于是上奏章劝秦王嬴政缓攻韩而急攻赵。李斯立刻反驳韩非的"存韩"之论，说韩非此行，只为维护韩国利益，不可能为秦着想，这也是人之常情。过去，韩国每每在关键时刻和魏联合起来对付秦国，对秦来说是一个心腹之患。秦国和韩国的地形就像一块织锦一样交错在一起，韩国的存在，对秦国来说，就像木头里长有蠹虫一样，太危险了。一旦秦保留韩国而去攻赵、齐，难保韩国不与赵、齐、楚合谋，从后面来夹击秦军，故韩国不可信。李斯力劝秦王嬴政不要为韩非的辩辞所惑，要明察其心。最后，李斯建议，自己前往韩国，诱使韩王入秦。秦就以韩王为人质，胁迫其大臣俯首归顺。

于是，秦王嬴政按李斯的建议，一面把韩非关进监狱，一面命李斯出使韩国。韩王眼见秦国的大军压境，再也无计可施，只得交出传国玉玺，向秦国称臣归属。三年以后，秦又借口韩国背叛，向其全面进攻，韩在六国中第一个被灭亡，李斯的战略首举成功。接着，在不到十年的时间里，由近到远，秦将赵、燕、魏、楚、齐五国各个击破，中国的历史翻开了新的一页。

第二十七计　假痴不癫

假痴不癫的本义是假装痴呆，实际上却不糊涂。形容外表看似愚钝，实际上心里十分清楚。这是一种韬光养晦的计谋。在实力还不够强大、时机不够成熟的时候，表面上装疯卖傻，隐藏自己的真实企图，一旦时机成熟，便打敌人一个措手不及。

原文

宁伪作[①]不知不为，不伪作假知妄为。静不露机[②]，云雷屯[③]也。

【按语】假作不知而实知，假作不为而实不可为，或将有所为。司马懿之假病昏以诛曹爽，受巾帼、假请命以老蜀兵，所以成功；姜维九伐中原，明知不可为而妄为之，则似痴矣，所以破灭。兵书曰："故善战者之胜也，无智名，无勇功。"当其机未发时，静屯似痴；若假癫，则不但露机，且乱动而群疑。故假痴者胜，假癫者败。或曰："假痴可以对敌，并可以用兵。"宋代，南俗尚鬼。狄青征侬智高时，大兵始出桂林之南，因佯祝曰："胜负无以为据。"乃取百钱自持，与神约："果大捷，则投此钱尽钱面也。"左右谏止："倘不如意，恐沮师。"青不听。万众方耸视，已而挥手一掷，百钱皆面。于是举兵欢呼，声震林野，青亦大喜；顾左右，取百钉来，即随钱疏密，布地而贴钉之，加以青纱笼护，手自封焉。曰："俟凯旋，当酬神取钱。"其后平邕州还师，如言取钱，幕府士大夫共祝视，乃两面钱也。(《战略考·宋》)

注释

①伪作：假装，佯装。

②静不露机：静，平静，沉静。机，这里指的是心机。

③云雷屯：语出《易经·屯卦》："云雷，屯，君子以经纶。"草茅穿土初出叫作"屯"。《屯卦》为震下坎上。坎为雨，为云，震为雷，云在雷上，说明茅草初出土时，即遇雷雨交加。《屯卦》又是九五陷于二阴之中，并为上六所覆蔽，有阴阳相争不宁之象，更意味着事物生长十分艰难。所以说"屯，难也"。面临这样的艰难局面，人们必须冷静处置，认真调理，周密策划，要"经纶运于一心"而不动声色，要"'盘桓'安处于下"而以屈求伸，要因势利导，待机而动，而决不可"快意决往，遽求自定以为功"。

译文

宁肯装作无知而不采取行动，也不可装作假聪明而轻举妄动。要保持沉静而不泄露任何心机。这是从《屯卦》象辞"云雷，屯，君子以经纶"一语中悟出的道理。

【按语】假装一无所知，而实际上却非常清楚；现在假装不行动，实际上却是行动的条件还不成熟，等待将来时机成熟才能行动。三国时，魏国重臣司马懿假装老昏病笃来麻痹曹爽，并进而诛杀了曹爽。他率军同诸葛亮对峙时，接受诸葛亮送来用以羞辱他的女人服装，不以为意，并上表请命，让魏主传谕坚守不战，以疲劳蜀军，因此获得成功。蜀将姜维曾九次北伐中原，明明知道难以成功，却仍然轻举妄动，这就是真痴了，这是他失败的重要原因。兵书上说："善于指挥作战的人取得胜利，既不显示自己机智多谋来争得名声，也不炫耀勇敢杀敌的战功。"当行动的时机还不成熟时，镇静得好像痴傻；如果假装癫狂，不但会暴露心机，而且混乱的行动还会引起众人的猜疑。所以，假装愚痴的人能赢得胜利，假装癫狂的人则将招致失败。有人说："假痴可以用于对敌作战，也可用来治军。"宋朝，南方崇拜鬼神的风俗很盛。北宋名将狄青奉命征讨侬智高的起义时，大军进至桂林以南，狄青假装拜神祷告说："这次用兵，胜负难以预料。"于是，狄青取出一百枚铜钱向神许愿说："如果能大获全胜，那么，这些钱撒在地上，钱的正面都会朝上。"左右部将谏阻说："倘若不如心愿，恐使军心沮丧。"狄青不听。万众耸肩注目而视，狄青挥手一撒，钱的正面都朝上。于是，全军欢声雷动，声震山林原野。狄青也十分高兴，吩咐左右取来一百个钉子，按照钱在地面上的分布，逐一钉牢，并用青纱覆盖，又亲自加上封条，并说道："等到打了胜仗，班师凯旋，一定取出钱来酬谢神灵。"后来，狄青平定了邕州（今广西南宁）还军到达这里，按先前所立之言取钱酬谢神灵，他的幕僚们拿起钱来一看，原来钱的两面是相同的。（参见《战略考·宋》）

❖❖ 计名探源 ❖❖

本计计名是从民间俗语"装疯卖傻""装聋作哑"等转化而来。《孙子兵法·九地篇》中也有此类思想，云："能愚士卒之耳目，使之无知；易其事，革其谋，使人无识；易其居，迂其途，使人不得虑。"意思是说，要能蒙蔽士卒的视听，使他们对于军事行动毫无所知；变更作战部署，改变原定计划，使人无法识破真相；不时变换驻地，故意迂回前进，使人无从推测意图。

【延伸阅读】

绝缨之宴

楚庄王在一次平定叛乱后，设宴款待群臣，妃嫔们也纷纷出席助兴。楚庄王还命自己宠爱的美人给群臣敬酒。黄昏时分，突然一阵疾风吹来，把大厅里的蜡烛吹灭了。黑暗中有人拉扯美人的衣服，美人急中生智把那人的帽缨扯断了，然后来到楚庄王的身边，向他告状，说有人调戏自己，并说那个人的帽缨已被扯断，只要点上灯烛看看谁的帽缨断了，就可以查出此人是谁。

楚庄王听后并没有传令点燃蜡烛，反而大声说："今天大家一定要喝得尽兴，请诸位都去掉帽缨，以便尽兴。"群臣纷纷扯掉帽缨，喝得烂醉如泥。席后美人怪楚庄王不给她出气，楚庄王说："此次宴请群臣，是为了融洽群臣关系。酒后失态乃人之常情，这点过错就不计较了吧！"

三年后，楚国与晋国开战。楚军中有一名勇士总是冲在前头，奋勇杀敌。楚庄王很奇怪，问他为什么如此拼命。勇士坦言三年前在宴会上失礼的人就是自己，如今这么做是为了报答楚庄王不追究之恩。

在这个故事中，楚庄王听说有人调戏美人，认为酒醉失礼是难免的，所以来个假痴不癫、装疯卖傻，故意让大家扯断帽缨，既保全了臣子的面子，又融洽了群臣关系，而他的宽容大度后来也得到了应有的报偿。

孙膑诈癫避大难

战国时期，孙膑与庞涓同为鬼谷子弟子，共学兵法，结为异姓兄弟。庞涓为人刻薄善妒，孙膑则忠诚谦厚。

后来，因机缘巧合，二人先后同到魏国为官。庞涓因怕孙膑的兵学之才对自己的地位造成威胁，渐渐对孙膑心生嫌隙，欲除之而后快，于是诬陷孙膑私通齐国。孙膑被除以膑刑（剔去膝盖骨）和黥刑（在脸上刺字）。

此时孙膑尚不知是庞涓陷害自己，后经人提醒才知庞涓的险恶之心。孙膑大惊，同时又很恐惧，心想庞涓一定会置自己于死

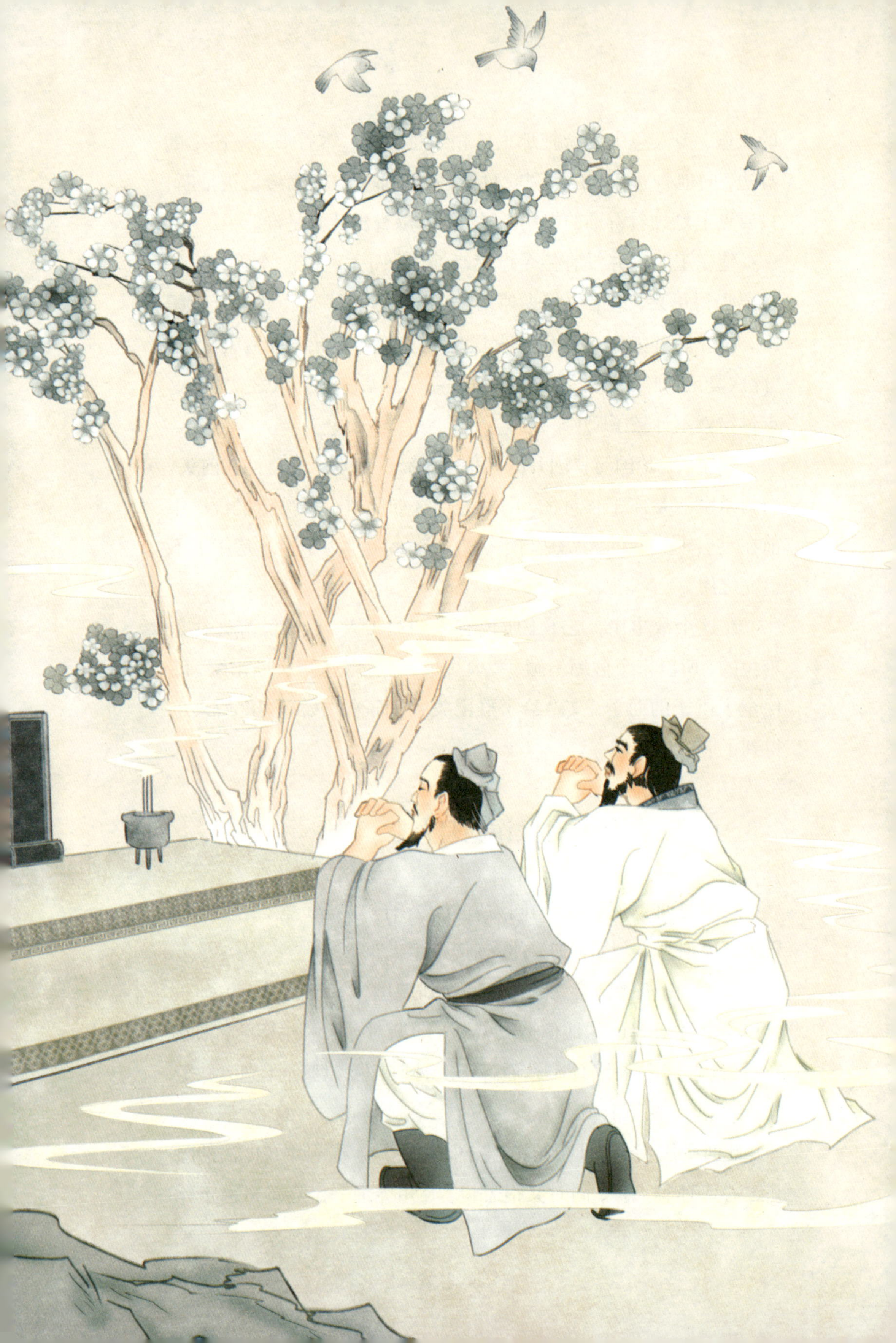

地，于是便想出了"装疯卖傻"一招，借此保全性命，找机会脱身。

庞涓送饭过来，孙膑便作疯傻状，忽然将饭菜推翻，倒地大喊："你何以要毒害我？"口中谩骂不停，语无伦次，又哭又笑。庞涓疑其诈癫装傻，想探其虚实，便命人将孙膑扔到猪栏里。猪栏里满是粪便，臭气熏天，孙膑却安然卧于其中。有人送来酒食，孙膑便将其打翻并大骂。那人顺手拾起猪粪给孙膑，孙膑却抢着吃了。庞涓这才相信孙膑是真疯了，便不再对其加以防范。

齐国使节来魏，孙膑向他求救。使节见孙膑不凡，便设计偷偷将孙膑载回齐国。

后来赵魏交战，孙膑以"围魏救赵"之计，大败庞涓。韩魏交战，孙膑再以"增兵减灶"之计，诱敌深入，终使庞涓自刎于马陵道。

孙膑在危难之际，运用假痴不癫之计，保全了自己的性命，待到时机成熟时，一举翻盘，报仇雪恨。

第二十八计　上屋抽梯

上屋抽梯的本义指把人诱惑上楼之后，却把梯子搬走，使人无法再下来。比喻诱使人上前而断其退路，使人处于困境，再彻底将其消灭。要上屋抽梯，先得置梯诱敌，给敌人一些便利，待其上当，便拆掉梯子，围歼敌人。

原　文

假之以便①，唆②之使前，断其援应，陷之死地③。遇毒，位不当也④。

【按语】唆者，利使之也。利使之而不先为之便，或犹且不行。故抽梯之局，须先置梯，或示之以梯。如：慕容垂、姚苌诸人怂秦苻坚侵晋，以乘机自起。（《晋书·苻坚传》）

注　释

①便：便利。

②唆：唆使，这里引申为诱使。

③死地：中国古代兵法用语，指一种进则无路，退亦不能，非经死战难以生存之地。

④遇毒，位不当也：语出《易经·噬嗑卦》。《噬嗑卦》为震下离上。震为雷，离为火、为电。雷电交加，有威猛险恶之象。《噬嗑卦》为以柔居刚，故不当位，更显形势严峻。噬嗑的本意为食干肉，"干肉虽小而坚，不易噬者也。强欲食之，则不听命而必相害"。（王船山语）运用于军事上，即因贪图小利而盲目进军是有很大危险的，如果强行进军，必将陷于危险的死地。

译 文

假给敌方以某种便利，诱使它（盲目）前进，然后再截断其应援之路，就能陷敌军于死地。这是从《噬嗑卦》象辞"遇毒，位不当也"一语中悟出的道理。

【按语】什么是唆？就是用利益去引诱敌人。如果只是利诱敌人而不给予便利，敌人便会犹豫不前。因此要使用"上屋抽梯"之计，就要先设置好梯子，或者让对方知道有把梯子。例如：慕容垂、姚苌等人怂恿符坚攻晋，而慕容垂等人乘机而起，自立为国。（参见《晋书·符坚传》）

计名探源

此计语出《孙子兵法·九地篇》。《孙子兵法》里说："帅与之期，如登高而去其梯；帅与之深入诸侯之地，而发其机。"意思是，将帅向军队布置作战任务，要像使其登高而抽去梯子一样；将帅率领士卒深入诸侯国土，要像弩机发出的箭一样一往无前。

此计还有这样一个典故：东汉末年，荆州刺史刘表的儿子刘琦因不容于继母，向诸葛亮求救。诸葛亮不想干预刘家私事，多次拒绝。一日，刘琦请诸葛亮上楼观书。诸葛亮上楼后，刘琦即刻命人把梯子抽走。诸葛亮无奈，便给刘琦讲了"申生在内而亡，重耳在外而安"的故事。

【延伸阅读】

韩信用计斩陈馀

韩信和张耳率领几万人马欲突破井陉口去攻打赵国。

赵王与成安君陈馀率领二十万兵马固守在井陉口。这时,谋士李左车向陈馀献计道:"韩信一路胜仗,如今又有张耳辅助,要乘胜攻下赵国,其锋芒不可当。但韩信远道而来,利在速战。井陉口道路崎岖狭隘,车骑人马不可并行。他们行军至此,粮草必然落在后面。因此,我请求领兵三万,从小路截取汉军粮草辎重,您只需在此深沟高垒,不与其战。这样,汉军将前不能战,后不能回,荒山之间,又无从寻找粮草,不出十日,汉军便将为我打败。否则,我军有全军覆没的危险。"

那陈馀本是一迂腐书生,耻于用计,没有采纳李左车的计谋。韩信听到这个消息,非常高兴,于是大胆领兵前往,在距离井陉口三十里的地方驻扎下来。半夜挑选了二千轻骑兵,让他们每人拿一面红旗,从小道上山,隐蔽起来,暗中观察赵军。韩信吩咐他们等赵军倾巢出动的时候,火速冲进赵军军营,拔掉赵军的旗帜,插上汉军的红旗。然后率军扬旗击鼓,大摇大摆地闯进井陉口。

陈馀见汉军已到井陉口，便大开营门迎战。双方激战了很久。这时，韩信突然命令军士抛掉旗鼓，佯装战败，回身撤退。赵军以为得胜，果然倾巢出动掠取汉军旗鼓，洋洋得意，喊声震天。韩信令决一死战，后退者立斩不赦。汉军本无退路，只能拼力向前，争先杀敌。陈馀无法战胜，便叫收军回营，却见大营之上已插遍汉军红旗，陈馀以为大营已失，不由大惊失色。于是赵军阵势大乱，四散逃跑。汉军前后夹击，大破赵军，斩杀陈馀，俘虏了大批人马。

窦建德河间破隋兵

617年正月，窦建德领导的农民武装队伍建立了农民政权，窦建德在河间、东寿两县的交界处自立为长乐王。7月，隋朝廷派将军薛世雄率三万精兵讨伐窦建德。窦建德为了麻痹薛世雄，便派人四处散布说："窦建德的军队听说朝廷派薛世雄将军率大军南下，都吓得逃跑了。"这话一传十、十传百，很快传入薛世雄的耳朵里。薛世雄信以为真，以为窦建德惧怕自己，便放松了戒备。

窦建德摸清情况后，选拔出一千名勇士。在一个大雾弥漫的黎明，窦建德亲率勇士猛冲薛世雄的大营。这突然一击，打得隋军猝不及防。大雾中两军辨认不清，隋军乱作一团，四散逃跑，死伤数万。薛世雄本人受伤，在几名骑兵的保护下逃回涿郡。

窦建德利用了薛世雄骄狂轻敌的心理，故意示弱，制造舆论和气氛，大开屋门，设梯诱敌，然后利用各种有利条件，速破隋军。

第二十九计　树上开花

　　树上开花的本义是指本来不开花的树木，却可以人为地制造一些假花装点上去，让不知情者一眼看去，难辨真假。作为一种计谋，树上开花指通过各种办法，制造种种假象来壮大自己的声势，以迷惑敌军，从而达到目的。

原文

　　借局布势①，力小势大②。鸿渐于阿，其羽可用为仪也③。

【按语】此树本无花，而树则可以有花，剪彩贴之，不细察者不易觉。使花与树交相辉映，而成玲珑全局也。此盖布精兵于友军之阵，完其势以威敌也。

注释

　　①借局布势：借助某种局诈的方法，布成一定的阵势。局，局诈。势，阵势。

　　②力小势大：兵力小而声势却造得很大。力，力量，这里是指军队的兵力。势，这里是指声势。

　　③鸿渐于阿，其羽可用为仪也：大雁在高空的云路上渐渐飞行，它那美丽丰满的羽毛，使它更显得雄姿焕发。语出《易经·渐卦》上九爻辞："鸿渐于陆，其羽可用为仪也，吉。"《渐卦》为艮下巽上。艮为山，巽为风、为木。该卦象辞为："山上有木，渐，君子以居贤德善俗。"意思是：树木在山上渐渐地生长，象征着君子应该注重逐日修养自己良好的德行，并影响周围的人，形成一种善美的风俗。而此卦上九爻辞说"鸿

渐于陆，其羽可用为仪"，这里的鸿是指大雁，渐是指渐进。陆在这里是指天际的云路。羽是指鸿雁美丽的羽毛。仪是指效法。用于军事上，就是用"树上开花"计使本来实力弱小的军队显得声势浩大，这正是从《渐卦》上九爻辞所获得的启发。

译文

借用局诈的方法布成阵势，使本来力量小的部队变得声势浩大。这是从《易经·渐卦》上九爻辞"鸿渐于阿，其羽可用为仪也"一语中获得的启示。

【按语】这棵树上本来没有花朵，但是可以人为地让它有花，把彩绸剪成花朵形状粘在树枝上，不仔细观察的人就不容易发觉。让假花与树交相辉映，就可以形成一棵完美逼真的开花的树。这就是指将精兵布置到友军的阵地上，形成一个完整的阵势以震慑敌人。

计名探源

树上开花由铁树开花转化而来，佛教语中应用较多，如宋朝普济《五灯会元》卷二十《焦山师体禅师》："铁树开花，雄鸡生卵，七十二年，摇篮绳断。"宋朝圆悟克勒《碧岩录》四十则曰："休去歇去，铁树开花。"它们都是用铁树开花来形容极难发生的事。

延伸阅读

田单破燕之战

公元前284年，燕昭王重用乐毅，命他领兵进攻齐国，六个月内，连下七十城，最后只剩下莒、即墨两城尚未攻下。当时乐毅认为，齐国只剩下两城，再也起不了什么大风波了，因此他想采取和平方式，"以恩结之"，让齐国自己投降，免得再动刀兵。就这样，把即墨城围了三年之久。

即墨城的守将已死，军中无主，大家都说田单有领兵才能，便拥立他为将军。于是，田单率领全城军民日夜防守，丝毫不敢松懈。这时，燕国内部出现了上层权力斗争。大夫骑劫与燕国太子交谊深厚，骑劫自以为有勇有谋，想夺乐毅的兵权，便对太子说："齐王已死，齐国只剩下两座城了，乐毅却不把它攻下来，这是乐毅想以恩结好齐国，以后好自立为齐王！"太子听信骑劫的挑唆，将这些话告诉给燕昭王，谁知昭王非但不听，还把太子打了二十大板。

这件事被田单知道了，他感到非常失望，叹息道："看来要恢复齐国，燕王在世时是不行了，我们需要等到燕王去世以后才有希望。"说来凑巧，不久之后，燕昭王因迷信神仙，乱服丹药，中毒而死。太子即位，是为燕惠王。

田单立即派人去燕国散布流言，说乐毅当初之所以迟迟不攻即墨、莒州二城，是因为要等待时机，自立为王。现在昭王已死，惠王即位，乐毅就要在齐国称王了。燕惠王本来就对乐毅心存疑虑，现在听到这些流言与骑劫原来讲的话相吻合，便信以为真，于是一道诏命把乐毅召回都城，由骑劫取代乐毅为将。乐毅是个聪明绝顶的人，知道再留在燕国，必受惠王、骑劫之害，便悄悄离开燕国到赵国去了。

骑劫上任伊始，便一改乐毅定下的章程，引起燕军将士们的不满。骑劫才到军营三天，便下令攻打即墨城。

一天，田单清早起来，对全城军民说："昨晚我做了一个梦，老天爷在梦里对我说了，齐国还能再强盛起来，燕国准得败落。再过几天，老天爷会派一名军师来。燕军快要打败仗了。"田单在军中挑选了一名机灵的小兵，让他装作老天爷派来的军师，给他穿上特别的衣裳，并让他朝南坐着。此后，田单每次下令，都要先禀告"军师"，因而"军师"的命令便格外受到军民的重视。

城外的燕国士兵听说城内来了一名老天爷派来的军师，都害怕起来，相互传说道："老天爷都帮助齐国，我们还有什么办法呢？"

同时，田单还派几名心腹到城外去议论说："还是从前的乐毅好，抓了俘虏都好好对待，所以城里的人都不怕燕军。要是现在的燕国军队把捉去的俘虏都割去鼻子，那可怎么办啊？"又说："齐国人的祖坟都在城外，如果燕国军队把祖坟都刨了，那可怎么办呀？"这样的议论一传十，十传百，慢慢地传到骑劫耳里，骑劫非常生气，竟真的把抓来的俘虏都割去鼻子，把城外的坟墓也都给刨了。即墨的人见燕军如此残暴，一个个恨得咬牙切齿，一心要报仇雪恨，纷纷向田单请战。

田单又想出一计：挑选五千名士兵组成先锋队，再挑选一千多头牛进行训练，准备摆一次"火牛阵"。同时又搜集一批黄金，派几个人打扮成即墨城的富翁给骑劫送去，对骑劫说："城里的粮食已经吃光了，不出三天齐国就得投降，请求燕军进城时能保全我们家小的性命。"骑劫听了欢天喜地，满口答应。真以为可以等着田单前来投降，用不着再打仗了，于是放松了戒备。

那些被派出的"富翁"回来向田单报告情况，田单认为时机已到，可以出战了。他给一千多头牛都披上画有五彩龙纹的布，每头牛的犄角上都捆上两把尖刀，牛尾上系着一捆浸透了油的芦苇。五千名先锋队士兵跟在牛后面。到了半夜，田单命人拆去几处城墙，把牛赶到城外，把牛尾点起火来。一千头牛被烧疼了，没命地往燕营冲去，后面五千名士兵也紧跟着杀进去。这时，城里的老百姓纷纷拿着脸盆、铜壶狠命地敲着，呐喊助战。燕国军队从梦中惊醒，猝不及防，只见到成千成万的"怪物"尾巴烧着火，头上长着刀。有些胆小的，吓得腿都软了，说这是老天爷派来的鬼怪。一个个只图逃命要紧，哪里还敢抵抗呢？骑劫坐着车，打算杀出一条血路，可巧正碰上田单，只几个回合便被杀死了。田单乘胜反攻，收回了失去的七十座城池。

寇准借助皇威退辽兵

宋真宗时，辽军大举南下，入侵宋国，兵临澶州城下。

边境告急的文书连连发到朝廷，一夜之间竟有五次。但是，这些告急文书都被寇准扣下。宋真宗闻知，大为惊骇，招寇准询问，寇准回答说："大敌当前，必须要有拼死的决心。我请求陛下御驾亲征，以鼓舞军中士气。"

宋真宗害怕，不想亲征，又不好说出口，便说回宫思考一下。寇准说："陛下一入深宫，臣见到您就难了，国家安危大事如何收拾？"大臣毕士安也力劝宋真宗接受寇准的建议，宋真宗只好暂且应允。

宋朝上下都知辽军厉害，宋真宗虽答应了亲征之事，却心里犯难。有些朝臣为性命着想，更惊恐不安，极力阻止亲征。临安（今浙江杭州）人王钦若请宋真宗暂避金陵（今江苏南京），阆中（今属四川）人陈尧雯则请宋真宗暂往成都。

宋真宗犹豫不决，同寇准商议，寇准说："谁为陛下出此下策，其罪当斩。陛下神武英明，兵士团结和睦，倘御驾亲征，敌人必闻风丧胆，落荒而去。倘若陛下远走金陵、成都，必使人心涣散，上下解体，大宋江山危矣！"听了这话，宋真宗觉得甚是有理，亲征的信心坚定起来。

宋真宗一行抵达澶州，远远望去，见辽军阵营整齐，声势浩大。随行大臣们都有些畏惧，想要退缩，便请求宋真宗就地驻扎，不要过河。寇准一再坚请："陛下如果不毅然渡河，那么我军将人人自危，士气大减，而敌军也受不到震慑。况且我方王南率精兵屯于山中，扼住辽兵的咽喉，李继隆、石保吉分兵以掣辽兵左右肘，四方援兵也陆续到来，陛下为何犹豫不前？"武将高琼也一再坚请渡河，还指挥卫士赶快准备好车辇。

宋真宗只好率众人渡过黄河，来到北城的门楼之上。宋军望见宋真宗的华盖，欢呼万岁，士气大振。辽军见状，果然有些胆怯。不久，辽军逼近城下，寇准命令士卒出击，斩杀、俘虏了辽兵大半。辽军损失惨重，只得退去。

最后宋辽双方通过谈判签订了协议，这就是历史上著名的"澶渊之盟"。面对辽军强大的攻势，寇准力促皇上出征。宋真宗亲临前线，虽不能冲锋陷阵，却极大地鼓舞了士气，也起到了震慑敌人的作用。

第三十计　反客为主

反客为主的本义是客人反过来成为主人。比喻变被动为主动。作为计策，反客为主指寻找敌人防御上的漏洞，趁机插入其腹地而攻其要害，控制敌方指挥系统，从而使我方由不利、被动变为有利、主动，逐渐取得领导权、支配权。

原文

乘隙插足，扼其主机[1]，渐之进也[2]。

【按语】为人驱使者为奴，为人尊处者为客，不能立足者为暂客，能立足者为久客，客久而不能主事者为贱客，能主事则可渐握机要，而为主矣。故反客为主之局：第一步须争客位，第二步须乘隙，第三步须插足，第四足须握机，第五乃成为主。为主，则并人之军矣，此渐进之阴谋也。如李渊书尊李密，密卒以败；汉高视势未敌项羽之先，卑事项羽，使其见信，而渐以侵其势，至垓下一役，一举亡之。(《隋书·李密》《史记·汉高祖》)

注释

[1] 主机：主要的、关键的地方，即首脑机关。

[2] 渐之进也：语出《易经·渐卦》："渐之进也，女归吉也，进得位，往有功也。"按《易经增注·下经·渐卦》的解释："天下事动而躁则邪，静而顺则正。渐则进而得乎贵位，故行有功。"意思是说，天下的事情，凡是行动盲目而急躁的，就会走入邪途；凡是冷静而顺乎客观规律的，就会走上正道。循序渐进地达到显要的地位，便会行而有功。

译 文

乘着对方的空隙，插足其中，掌握其首脑机关，循序渐进地达到自己的目的。

【按语】受别人驱使的人是奴仆，受别人尊敬的人是客人。在别人家做客而不能站住脚的是暂时的客人，能够站住脚的是长久的客人。作为长久的客人却不能主事的是地位低下的客人，能够主事并且可以逐渐掌握其首脑机关的客人就成为主人了。所以，使用反客为主的计谋的步骤是：第一步必须争到客位；第二步要乘隙而入；第三步须设法插足；第四步须掌握其关键部位或首脑机关；第五步便可以成为主人。做了主人之后，便可以将别人的军队据为己有了。这是一个循序渐进的阴谋。就像当年李渊给李密写信，对他大加尊崇，最后李密终于被李渊打败。又如当年汉高祖刘邦见自己的势力还不能与项羽相抗衡，便谦卑地侍奉项羽，取得项羽的信任，以致垓下一战，刘邦一举消灭了项羽。(参见《隋书·李密传》《史记·高祖本纪》)

计名探源

本计古典文献里所言较多，但最早出自何典尚无定论。有以下几个出处可以参考：《唐太宗李卫公问对》中，李靖对唐太宗说："臣较量主客之势，则有变客为主，变主为客之术。"《十一家注孙子》载："我先举兵，则我为客，彼为主；为客则食不足，为主则饱有余。"《三国演义》第七十一回中，法正对黄忠说："夏侯渊为人轻躁，恃勇少谋。可激励士卒，拔寨前进，步步为营，诱渊来战而擒之。此乃'反客为主'之法。"

【延伸阅读】

刘邦隐忍自重

项羽和刘邦同时率兵伐秦，分路朝秦都咸阳挺进。刘邦捷足先登，率先拿下咸阳。项羽非常恼怒，便准备攻打刘邦。

此时，刘邦的兵力只有十万，项羽则拥有四十万大军。刘邦见毫无胜算，只好带着一百多名随从来到鸿门，向项羽谢罪。

过了没多久，进行战后的论功行赏，项羽掌握主导权，刘邦饱受不平等待遇。按理讲，事先已经言明谁先拿下咸阳，谁就是关中之主。然而，刘邦分到的却是偏地——巴、蜀、汉中。刘邦怒气难耐，欲与项羽对战。萧何劝他不要轻举妄动，暂且忍气吞声。且汉中地形进可攻退可守，不如从长计议，伺机而动。于是，刘邦采纳了萧何的建议，远赴汉中。

后来，刘邦在汉中奋发图强，充分谋划，最后终于打败项羽，一统天下，反客为主。

司马氏三代谋国

司马懿年轻时就是众人瞩目的干才。当时，气势如日中天的曹操很赏识他。经由曹操的发掘，他才有机会出仕魏国。然而，刚开始他们处得不怎么融洽。

司马懿乃是太子（曹丕）随从的时候，有一天，曹操梦见三匹马在一个马槽里吃饲料，于是警告曹丕说："司马懿很可能会推翻我们魏国，对他可要特别小心。"曹操还提议，趁司马懿羽毛未丰时，把他解决了。

虽然司马懿受到曹操如此猜忌，仍然忠心服侍曹操，尽忠职守，逐渐消除了曹操对他的戒心。曹操过世后，司马懿就成为曹丕的心腹。曹丕去世后，司马懿就成为魏国的元老，威重如山。

司马懿以臣子之身终其一生，而司马懿的孙子司马炎最终篡位，建立晋朝。司马家历经父、子、孙三代，终于完成反客为主之计。

第六套 败战计

本套为处于败军态势时所用谋，共有美人计、空城计、反间计、苦肉计、连环计、走为上六计。"美人计"顾名思义就是用美女来诱惑对方，令其心智迷乱；"空城计"是指故意把空虚的样子暴露给敌人，使之生疑；"反间计"强调间谍的作用，指将敌方的间谍为我所用；"苦肉计"需要故意伤害自己，由此迷惑敌人，获取其信任，赤壁之战中曹操曾败于此计；"连环计"的要义是用计谋让敌人互相牵制，然后再去进攻敌人；最后一计"走为上"是指己方处于下风时，不可硬拼，而是要保存实力，尽快撤退。

第三十一计　美人计

美人计的本义是指用美女来诱惑对方，从而达到某种目的。作为计策，指用美色勾引对方，使其贪图享乐，丧失战斗力，进而将其一举消灭。爱美之心人皆有之，因此美人计很早便被兵家所用，成为胜敌的一种重要策略。

原文

兵强者，攻其将；将智者，伐其情①。将弱兵颓，其势自萎。利用御寇，顺相保也②。

【按语】兵强将智，不可以敌，势必事之。事之以土地，以增其势，如六国之事秦，策之最下者也。事之以币帛，以增其富，如宋之事辽金，策之下者也。惟事之以美人，以佚其志，以弱其体，以增其下之怨。如勾践以西施、重宝取悦夫差，乃可转败为胜。

注释

①将智者，伐其情：将智者，指足智多谋的将帅。伐其情，即从感情上加以进攻、软化，抓住敌方思想意志的弱点加以攻击。《六韬·文伐》中就主张以乱臣、美女、犬马等手段攻其心，摧毁其意志上的屏障。

②利用御寇，顺相保也：此计可用来瓦解敌人，顺利保存自己。语出《易经·渐卦》："……利用御寇，顺相保也。"御，抵御。寇，敌人。顺，顺利，顺势。保，保存。

译文

对于强大的敌军,要对付它的将领;对于英明多智谋的将领,要设法动摇他们的斗志。将领斗志衰退,士气消沉,战斗力自然萎缩。就像《渐卦》象辞所启示的,要利用敌人的弱点抵御敌人,顺利地保存自己。

【按语】势力强大,将帅明智,这样的敌人不能与之正面交锋,只得暂时向对方屈服。下下策是用献土地的方法,这势必会增强敌人的力量,如战国时期,六国争相以自己的领土取悦秦国,并没有什么好结果。下策是用金钱珠宝、绫罗绸缎去讨好敌人,这必然会增加敌人的财富,像宋朝侍奉辽国、金国那样,也不会有什么成效。独有用美人计才见成效,这样既可以消磨敌军将帅的意志,削弱他的能力,还可以增加其部下的怨恨情绪。春秋时期,越王勾践败于吴王夫差,便用美女西施和贵重珠宝取悦夫差,让他贪图享受,丧失警惕,后来越国终于打败了吴国。

◆◆ 计名探源 ◆◆

此计语出《六韬·文伐》。《文伐》里说:"养其乱臣以迷之,进美女淫声以惑之。"意思是说,对于敌国的君主,要和他的乱臣交好,以便乱臣迷惑君主;要向敌国君主进献美女,以便消磨他的意志。

【延伸阅读】

王允巧施美人计

东汉末年,权臣董卓掌握重兵,野心膨胀。之后,董卓废了汉少帝,改立年仅九岁的陈留王为帝,是为汉献帝。董卓掌握东汉政权,权倾朝野。董卓为人阴险狡诈、凶残狠毒,满朝文武对他又恨又怕。

大臣王允看到董卓把握朝廷大权，作威作福，滥杀无辜，非常愤慨，并为汉室担心。但是，董卓势力强大，而且身边还有一个骁勇善战的义子吕布，若是正面攻击，没有人斗得过董卓。

王允知道董卓和吕布都是好色之徒，便想用美人计来离间二人，使他们互相残杀。恰巧王允府中有一个歌女，名叫貂蝉，长得十分美丽，歌舞技艺也绝佳。于是，王允跟貂蝉说了这件事，貂蝉为报答王允对自己的恩德，也为救朝廷和天下百姓，答应了他的请求。

第二天，王允派人给吕布送去一顶金冠。吕布非常喜欢，便亲自到王允家道谢。王允趁机提出将貂蝉许配给吕布为妾。吕布见貂蝉貌美如花，喜不自胜，欣然答应了，对王允十分感激。王允和吕布约定择日将貂蝉送去。

过了几天，王允又请董卓到家里做客，酒席间让貂蝉献舞。王允说："太师如果喜欢，我就把这个歌女奉送给您。"董卓假意推托一番，最后高兴地把貂蝉带回府中去了。

吕布知道后非常生气，当面斥责王允言而无信。王允骗吕布说："太师要看看自己的儿媳妇，我怎敢不从！太师说今天是良辰吉日，决定带回府去与将军您成亲。"

吕布信以

为真，便回去了。过了几天也没有动静，一打听，却发现董卓已经将貂蝉据为己有。吕布十分恼怒，却不知该怎么办。

一天，吕布趁董卓去上朝，偷偷来到董卓府中，与貂蝉在凤仪亭相见。貂蝉一面对吕布诉说着思念之情，一面控诉董卓。这时，董卓刚好回府，见状大怒，欲杀吕布，吕布仓皇而逃。王允见时机成熟，便劝说吕布杀了董卓。吕布犹豫不决，王允便拿夺妻之事激怒吕布，吕布最终同意刺杀董卓。

于是，王允立即假传圣旨，说天子要禅位给董卓。董卓大喜，大摇大摆地进宫，不料吕布突然一戟，直穿董卓咽喉，将董卓杀死了。就这样，王允巧用美人计，除掉了奸贼。

陈平巧计突围

公元前 200 年，汉朝初建，匈奴南下攻汉。刘邦率三十二万骑兵、步兵亲征，途中中了敌人的埋伏，被困在白登山。匈奴派兵驻守各个重要路口，致使汉军的援军无法前去解围，形势万分危急。

被围困了三天后，汉军的粮草快没有了，且正值天寒地冻之际，将士们饥寒交迫。刘邦君臣急得就像热锅上的蚂蚁，坐立不安。被困到第七天，谋士陈平灵机一动，从匈奴冒顿单于新得的阏氏身上想出了一条计策。

在得到刘邦允许之后，陈平派一名使者带着许多金银珠宝和一幅画秘密会见了阏氏。使者对阏氏说："大汉皇帝欲与匈奴和好，特送上这些珍宝，请您务必收下，望您代汉帝向单于求情。"使者又献上一幅美女图，说道："大汉皇帝怕单于不答应讲和的请求，准备把中原第一美人献给他。因美人现在不在军中，所以先献上她的画像。"

阏氏接过来一看，发现果真是一个貌似天仙的美女。阏氏心想：如果单于得到了她，还有心思宠爱自己吗？于是，阏氏说："珍宝留下吧，美女就用不着了，我请单于退兵就是了。"

汉军使者走后，阏氏立即去见单于，她说："听说汉朝的几十万援军就要到了，到那时我们就被动了。况且汉军被围了七天，军中没有什么慌乱，想必是有神灵在相助。你又何必违背天命呢？不如放他一条生路，以免以后有什么灾难降到我们头上。"单于反复考虑，觉得夫人的话很有道理。不久后，便撤兵了。

陈平利用阏氏的嫉妒之心，虚献美女，从而达到了讲和的目的。陈平的美人计妙就妙在根本没有美女，但同样收到了良好的效果。

第三十二计 空城计

空城计原指在己方守城的情况下，故意向敌人暴露己方城内空虚的情况，使敌方见疑而退兵。比喻暴露自己力量的不足，以使对方迷惑或后退。这是悬而又悬的险策，使用此计的关键是要清楚地了解并掌握敌方将帅的心理状况和性格特征。

原 文

虚者虚之①，疑中生疑②；刚柔之际③，奇而复奇④。

【按语】虚虚实实，兵无常势。虚而示虚，诸葛而后，不乏其人。如吐蕃陷瓜州，王君焕死，河西汹惧。以张守珪为瓜州刺史，领余众，方复筑州城。版幹裁立，敌又暴至。略无守御之具，城中相顾失色，莫有斗志。守珪曰："彼众我寡，又疮痍之后，不可以矢石相持，须以权道制之。"乃于城上置酒作乐，以会将士。敌疑城中有备，不敢攻而退。又如齐祖珽为北徐州刺史，至州，会有陈寇，百姓多反，珽不关城门。守陴者，皆令下城，静坐街巷，禁断行人，鸡犬不乱鸣吠。贼无所见闻，不测所以，或疑人走城空，不设警备。珽复令大叫，鼓噪聒天，贼大惊，顿时走散。

注 释

①虚者虚之：劣势的军队面临强敌，却还故意显示空虚。第一个虚字，指空虚，与实相对，指军事力量不敌对方。第二个虚字，为动词，显示空虚的样子。

②疑中生疑：面对可疑的形势更产生了怀疑。第一个疑字指可疑的形势。第二个疑字指怀疑。

③刚柔之际：这里是指敌我双方力量悬殊的时刻。

④奇而复奇：奇妙之中更加奇妙。

译文

本来兵力空虚，又故意把空虚的样子显示在敌人面前。使敌人不知底细，怀疑我方有实力。在敌我力量悬殊的情况下，采用这种计谋，乃是奇法中的奇法。

【按语】用兵常常是虚虚实实，没有固定的模式。本来处于劣势，却把空虚的样子显示给敌方。诸葛亮之后，运用这条计谋的人为数不少。如727年，吐蕃人攻陷了瓜州，守将王君㚟战死，河西一带老百姓非常惧怕。朝廷任命张守珪为瓜州刺史。张守珪率领民众修复城墙，刚装好筑墙的夹板木桩，敌人突然来进攻，城中没有防御的器械，市民们大惊失色，面面相觑，毫无斗志。张守珪说："敌众我寡，战争创伤还没有修复，不能用利箭、礌石与敌人对抗，必须用智谋对付敌人。"于是他在城墙上摆好酒席，与将士们饮酒作乐。吐蕃人见了，怀疑城中有伏兵，不敢进攻，便撤退了。又如，北齐祖珽任北徐州刺史，刚到任，就有南陈大军入侵，许多民众起来造反。祖珽命令不关城门，让守城士兵坐在街巷里，街道上禁止行人通行。全城寂然无声，鸡不鸣，狗不叫。入侵的军队什么也看不见，什么也听不到，不明情况，怀疑城中人员已撤离，只剩一座空城，也就没有什么防备。正当敌人迷惑不解之际，祖珽命士兵击鼓大喊，声音震天，南陈军大吃一惊，纷纷逃散了。

❖❖ 计名探源 ❖❖

"空城计"的语源不可考。历史上有许多以"空城计"退兵的例子，最早的见于《左传》。春秋时期，郑国以"空城计"智退楚军，但其影响远远不及罗贯中《三国演义》第九十五回里诸葛亮用"空城计"吓退司马懿大军的故事。

【延伸阅读】

诸葛亮的空城计

街亭失守后,司马懿进军诸葛亮大帐所在地西城。而此时,诸葛亮身边只有一班文官,所率领的五千名士兵也有一半押运粮草去了,现在城里只剩下二千五百名士兵。众人得知这一消息,都大惊失色。诸葛亮登上城楼远望,镇定地对众人说:"大家不用慌,我自有对策。"

诸葛亮下令将城上的旗帜都落下藏好,士兵各就各位,如有私自外出或大声喊叫者,立即斩首。又命人把城门打开,每门留二十名士兵,打扮成百姓模样,清扫街道。

随后,诸葛亮身披鹤氅,头戴纶巾,领着两个小书童,带一张古琴登上城楼。凭栏坐下,点上香,然后开始悠然自得地抚琴。

这时,司马懿的先头部队已到达城下,看到这般情景,疑惑不解,不敢轻举妄动,便急忙回去向司马懿报告。司马懿听了大笑,不太相信,于是自己策马向前,从远处观望。果然见诸葛亮面带微笑,从容不迫地端坐在城楼上抚琴,左右两边站着两个小书童,城门附近有二十几个百姓在低头洒扫街道,一派安宁祥和的景象。司马懿看后,心中顿生疑惑。他急命后军变前军,掉

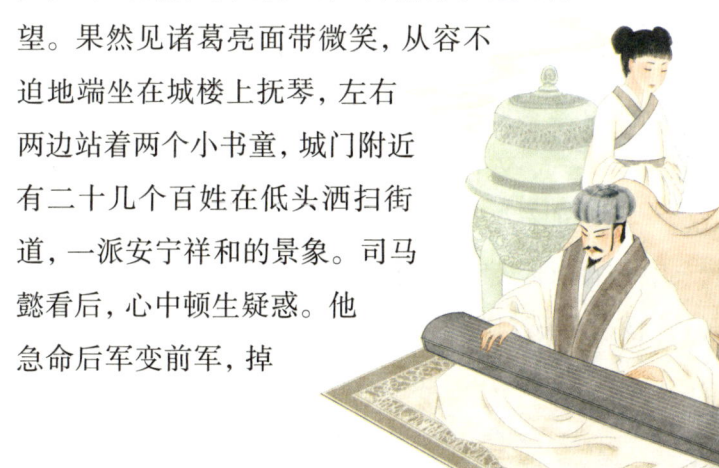

三十六计解析 第六套 败战计

头撤退。

司马懿的次子司马昭不解地问："诸葛亮肯定手中无兵，才故意做出这个样子，父亲为何要撤退？"司马懿答道："诸葛亮为人谨慎，凡事都是三思而行。今天城门大开，其中必有埋伏。如果我军进了城，就中了他的计。不管怎样，赶快撤退不会错！"

诸葛亮充分把握司马懿的心理特点，巧妙实施空城计，使司马懿退兵。后人有诗赞说：瑶琴三尺胜雄师，诸葛西城退敌时。十五万人回马处，土人指点到今疑。

赵云勇设空营计

219年正月，刘备进攻汉中，黄忠将汉中守将夏侯渊斩了。3月，曹操亲自领兵出征，争夺汉中。黄忠打听到曹操将运送大量粮草到北山下，认为可以趁机夺取这些粮草。于是，黄忠跟赵云商量后，最终决定由黄忠领兵去北山夺粮，赵云把守营寨，二人约好午时在营中会面。

但是过了约定的时间，黄忠仍未回来，赵云见情况不妙，便带着数十骑前去接应。不料恰巧遇到曹操派出的大军，赵云一次又一次地突击曹军阵列，且战且走，终于突出重围，退回汉军的营寨内。

曹军追至汉军的营寨前，沔阳长张翼正在防守营寨，见曹军杀到，便要闭门。赵云进入大营之后，却下令大开营门，然后下令偃旗息鼓，作空城状。曹军见状，怀疑有埋伏，便向后退兵。赵云趁机下令击鼓，鼓声震天，又下令射箭。曹军大惊，仓皇逃走，混乱之中坠入汉水中淹死的有很多。

次日，刘备亲自到赵云兵营察看情况，赞叹道："子龙一身都是胆啊！"于是，设宴欢庆直到黄昏，军中称呼赵云为"虎威将军"。

第三十三计　反间计

　　反间计的本义是反用敌方派来的间谍。后指用计使敌方不团结。采用反间计的关键是以假乱真，造假要造得巧妙，造得逼真，才能使敌人上当受骗，做出错误的判断，采取错误的行动。

原文

　　疑中之疑①。比之自内，不自失也②。

　　【按语】间者，使敌自相疑忌也；反间者，因敌之间而间之也。如燕昭王薨，惠王自为太子时，不快于乐毅。田单乃纵反间曰："乐毅与燕王有隙，畏诛，欲连兵王齐。齐人未附，故且缓攻即墨，以待其事。齐人唯恐他将来，即墨残矣。"惠王闻之，即使骑劫代将，毅遂奔赵。又如周瑜利用曹操间谍，以间其将，亦疑中之疑之局也。

注释

　　①疑中之疑：疑阵中再布置疑阵。

　　②比之自内，不自失也：语出《易经·比卦》："比之自内，不自失也。"比，亲比，辅助，援助，勾结，利用。此句可以理解为利用敌人派来的间谍为我服务，可以有效地保全自己，攻破敌人。

译文

　　在敌方怀疑、犹豫的情况下，再给敌方布置疑阵。勾结、利用敌方派来的间谍为我服务,可以有效地保全自己、战胜敌人。

【按语】所谓间谍,就是使敌人内部互相怀疑和猜忌的人;所谓反间,就是利用敌人派来的间谍来离间敌人的计谋。例如,战国时期燕昭王死后,其子燕惠王在做太子时就和大将乐毅不和。于是田单乘机使用反间计,派人到燕国散布谣言说:"乐毅与燕王有嫌隙,怕燕王杀他,所以他想联合齐国军队,自立为齐王。只是由于齐人还没有投降,所以他才迟迟不攻即墨,是为了等待时机。齐人最怕燕国改派别的大将取代乐毅,若那样即墨城早就沦陷了!"燕惠王听信了谣言,于是改派骑劫为大将,取代了乐毅,乐毅被迫逃往赵国。又如周瑜曾利用曹操派来的间谍进行反间活动,使曹操斩杀了大将蔡瑁、张允,同样也是疑阵中再设疑阵的策略。

◆◆ 计名探源 ◆◆

此计出自《孙子兵法》,书中特别强调间谍的作用,认为将帅打仗必须事先了解敌方的情况,而要了解敌方的情况,"必取于人,知敌之情者也"。这里的"人",指的就是间谍,意思是说将帅要想了解敌方的情况,必须通过间谍。《孙子兵法》中专门有一篇《用间篇》,列举五种间谍,以论述间谍在作战中的重要意义。

【延伸阅读】

巧用曹军间谍

208年,赤壁大战前夕,既是曹、吴的军事较量的准备阶段,又是双方间谍大战的序幕。蜀军的军师诸葛亮借来东风,东吴大将周瑜见出兵击曹的好时机到了,于是连忙调兵遣将。

蔡和是曹操派到吴军中来的间谍，时时都在刺探军情，暗中往曹营送情报。这时，蔡和见周瑜部署军马，估计是要出兵打仗了。为了将情报核实准确，蔡和便试探着向周瑜打听："周都督，东吴兵强马壮，粮草也很充足，人们都急着打仗立功呢。我也恨不得马上杀进曹营。"周瑜对蔡和的身份早已知晓。听了此话，便故意不动声色地对他说："立功的时机到了，我正想重用你呢。"周瑜见左右闲杂人等太多，便向他使了个眼色说："咱们出去一下吧，我有事要与你商量。"于是，他们一起走出军帐，进入树林，又沿小路登上山顶。蔡和见此处僻静无人，断定要谈军机大事，暗自高兴。但见周瑜突然拔出剑来，心里一惊，以为身份暴露，周瑜要杀他。周瑜将这一切都看在眼里，然后不慌不忙地对着一块山石磨起宝剑来，一边磨一边说："养兵千日，用兵一时，今天晚上就要大破曹兵，我要重用你。"

此时，蔡和才将悬着的心放了下来，又进一步套周瑜的话说："我熟悉曹营的情况，都督想知道那里的什么情况，我都能够说个清清楚楚、明明白白，不知道你是不是用得着我？"周瑜没有回答，只顾埋头磨剑，直磨得宝剑雪亮闪光，才住了手。周瑜这时才问他："听说曹营的战船都连了起来，是吗？"蔡和也不隐瞒，便说："是的，简直成了水上营寨，实在难攻得很呢。"周瑜一听，禁不住哈哈大笑起来说："我要是放一把火呢？好大的东南风呀！这是天助我也。"蔡和一听几乎吓得叫出声来，同时又急欲将此情报送回曹营。于是，便假惺惺地说："火攻必胜，我愿做先锋。"说完正要告辞退走，周瑜却仰天大笑说："慢着！还有更重要的事情要交代你。"蔡和立即跪拜，说："谢都督抬举，不知有何差遣？"周瑜走近蔡和身旁说："我要借你的头，试我的剑！借你的血，祭我的旗！"迅即将蔡和斩杀。之后，赤壁大战便紧张地开始了。

周瑜面对曹操派来的蔡和这个间谍，在发现其身份后，既未秘密审讯，也未捕获，而是暗中监控其行迹。在大战前夕，周瑜为了进一步核实情报及用计的可行性，便施逼吓之计，将此敌间用完之后逼杀，以化害为利。其施计的步骤是：第一步，诱间出帐。借蔡和试探军情之机，骗以重用之事，诱以出帐上山；第二步，试其心计。借当晚要大破曹兵之举，试出蔡和对曹营情况的熟悉程度；第三步，核其敌军情报。周瑜乘势问及曹军战船连寨情况，蔡和只得吐露实情，且自得地认为难攻难破，周瑜最后核实了情报；第四步，测其计之可行度。周瑜借蔡和的反应，直接透露欲乘风用火攻曹军战船，蔡和立即既惊且忧，又急欲逃走送报。这一切终于使周瑜从侧面证实了此计的确出乎曹军所料，大为可行，于是便决定按计行事。随即将蔡和斩杀，以防泄露情报。蔡和虽是害，但最终却在关键时刻，被周瑜计策，化害为利了。

第三十四计　苦肉计

苦肉计的意思就是自己伤害自己，以蒙骗他人，从而达到预先设计好的目标。此计的特点是为了取信于敌人，进行自我伤害，以假乱真，从而麻痹敌人，实现自己的企图。人都不愿伤害自己，也不愿被别人伤害，苦肉计正是建立在这一"人之常性"之上。

原文

人不自害，受害必真①。假真真假，间以得行②。童蒙之吉，顺以巽也③。

【按语】间者，使敌人相疑也；反间者，因敌人之疑，而实其疑也。苦肉计者，盖假作自间以间人也。凡遣与已有隙者以诱敌人，约为响应，或约为共力者，皆苦肉计之类也。如郑武公伐胡而先以女妻胡君，并戮关其思（《韩非子·说难》）；韩信下齐而郦生遭烹。

注释

①人不自害，受害必真：正常情况下，人不会伤害自己，一旦自我伤害，别人就会毫不怀疑地相信。

②假真真假，间以得行：（利用这种人之常情）以假作真，以真作假，那么离间计就可以顺利实施。

③童蒙之吉，顺以巽也：出自《易经·蒙卦》："童蒙之吉，顺以巽也。"意思是说不懂事的孩子单纯幼稚，顺着他的特点逗着他玩耍，就会把他哄得乖乖的。

译文

人一般都不会自我伤害，自我伤害必定会被认为是真实的；如能以假作真，并使敌人深信不疑，就能施行离间计了。抓住敌人"幼稚朴素"的心理进行欺弄，就能利用他的弱点达到自己的目的。

【按语】间谍所从事的活动是唆使敌人相互猜疑；用反间计，就是要利用敌人原有的疑惑，使他原来怀疑的东西成为现实。用苦肉计，就是假装去做敌人的间谍，而实际上则是借此打入敌人内部去从事间谍活动。凡是派遣同自己有矛盾的人去诱惑敌人，或相约作为内应，或相约共同起事的，都属于苦肉计一类的计谋。如郑武公想攻伐胡国，便先把自己的女儿嫁给胡国的国君，接着又杀掉了主张讨伐胡国的关其思，胡国因此放松了戒备，郑国突然出兵，一举灭了胡国（参见《韩非子·说难》）。又如刘邦派郦食其劝齐王降汉，使齐王放松了战备，韩信乘机加兵于齐，齐王因此烹杀了郦食其。

计名探源

此计见于元朝关汉卿《单刀会》第一折："亏杀那苦肉计黄盖添粮草。"但其知名程度远不及《三国演义》第四十六回中周瑜打黄盖的故事。主要情节为：三国时期，曹操率大军攻吴，周瑜见曹操战船都连在一起，便想用火攻。为了让曹操毫无防备，便和黄盖演了一出苦肉计。在军事会议上，周瑜和黄盖大吵了起来，黄盖甚至出言不逊，让周瑜下不了台，结果被周瑜痛打五十军棍。曹操派人前去探查，果见黄盖皮开肉绽。曹操不再疑惑，接受了黄盖的降书。后来黄盖准备好二十只大船，装上易燃物开向曹营，一路畅通无阻。周瑜的火攻之计遂成。

【延伸阅读】

要离刺庆忌

春秋时期，姬光杀君夺位，利用专诸刺杀了吴王僚，自立为王，即吴王阖闾。吴王僚的儿子庆忌逃奔在外，招纳死士，联合邻国，欲伐吴报仇。

阖闾素知庆忌健步如飞，快马莫及，勇猛非常，万人莫敌，今闻其有此企图，深以为忧，想派人去行刺，又一时找不到适当的人。

大夫伍员给他聘来了一名勇士，名叫要离。阖闾一见要离不满五尺，腰粗貌丑，大失所望，很不高兴地问："你是伍大夫介绍的勇士要离吗？"

要离答："臣细小无力，当风则伏，背风则倒，何勇之有？但如果大王有所差遣的话，必定尽我所能！"阖闾听了，更不高兴。伍员已知其意，便说："好马不在高大，只要能负重、跑得远就是良马。要离形貌虽丑，却非常机警能干，一定会顺利完成王命！"

阖闾见伍员力荐，便邀要离到后宫去密谈，要离便问："吴王心中所患，要差遣小人的，是不是庆忌的事呢？我能够刺杀他！"

阖闾笑着说："庆忌是个了不起的人，他骨腾肉飞，走逾奔马，矫健如神，万夫莫当，恐怕你制伏不了他。"

要离说："善杀人者，在智不在力，臣只要能接近庆忌，就可以把他杀了！"

阖闾说："庆忌是聪明人，怎肯轻易让人接近呢？"

"我有办法让他接近我。"要离充满信心地说，"他现在正招收亡命之徒，我正可诈称是罪臣，投奔于他，大王请斩我的左手，杀我的家人，这样，庆忌岂有不相信我之理？"

"你无罪，我怎可下此毒手？"阖闾皱眉说。

要离慷慨激昂地说："臣听说，安于妻子之乐，不尽事君之义的，不能说是忠；贪恋家室，忘君之忧者，不是义士所为。我如果能全忠全义，就是毁了全家，亦是甘心的！"

伍员从旁怂恿，说："要离为国忘家，真是忠烈之士，若在成功之日，追封他的功业，旌表他的妻子，使其扬名后代，这是一举两得的义举呢！"阖闾想了好一会儿才答应这样做。

翌日，伍员同要离一起入朝，保荐要离为将军，率兵进攻楚国。阖闾闻奏，怒斥伍员："看要离身矮力微，杀鸡无胆，骑马无威，怎能做官带兵？真是胡说八道，岂有此理！"

要离跟着启奏："大王可谓忘恩至极了，伍员为王安定了江山，王却不替伍员报楚王之仇……"阖闾拍案大怒，说："这是国家大事，非你所知的，居然还当面责辱寡人？"立即下令把要离的左臂砍了，押他入狱，并拘留他的妻子。伍员叹息而出。

过了几天，伍员暗叫狱官放松对要离的监视，要离趁机越狱跑了，阖闾下令把要离的妻子斩首，弃市示众。

要离跑出吴境，一路上逢人诉冤，访得庆忌在卫国，便跑到卫国去求见。庆忌疑他诡诈，不肯收容，要离便把衣服脱下来，庆忌见他已被斩了左臂，方才相信，便问他："阖闾砍了你的手，致你残废，那么你来见我究竟有什么意图？"

要离说："臣闻吴王杀了公子父亲，夺了王位，现在公子联合诸侯，想复仇雪恨，所以特跑来投靠，我虽然不能冲锋陷阵，但做向导还可以，我对吴国的山川形势是相当熟悉的，只要公子报了仇，我亦雪了杀妻之恨，就心满意足了。"

庆忌犹未深信，刚巧有心腹来报告，说要离的妻子已被阖闾斩首示众了。要离一听，大哭起来，咬牙切齿地遥指阖闾大骂，庆

忌这才深信不疑。

"阖闾目前用伍员和伯嚭为谋士，练兵选将，国内大治，我兵微力寡，又怎可以和他抗衡，泄胸中怨气？"庆忌问。

要离说："伯嚭乃无谋之辈，不足为虑；只有一个伍员还算个人才，智勇足备，但今亦与吴王貌合神离了。"

"怎解？"

要离说："伍员之所以尽力帮助吴王，目的在借兵伐楚，报其父兄之仇，但现在楚平王已死，仇家费无极亦亡，吴王安于王位，天天只顾酒色，不想替伍员复仇了。伍员保荐我率兵伐楚，吴王便当面指斥他，还杀鸡儆猴地加罪于我，故伍员怨恨吴王已为势所促成了。老实说，我这次能越狱逃跑，亦是伍员买通狱官的。伍员曾嘱咐过我：'你此去先见公子，察看如何动静，若肯为我伍员报仇，愿为内应，以赎过去杀君之罪。'公子不乘此时发兵入吴，更待何时？怕再无报仇的日子了。"说完大哭，猛在地上撞自己的头。

三十六计解析 第六套 败战计

"好，好！"庆忌把他劝止，"我听你的话，一定会在最短时间内起事！"

庆忌把要离带回大本营艾城，作为心腹，委他负责训练军士，修治兵船。

三个月过去了，庆忌在要离的怂恿之下，出兵两路，水陆并进，浩浩荡荡地杀往吴国去。

庆忌和要离同坐一艘兵船，驶到中流，后船忽然跟不上了，要离对庆忌说："公子可在船头坐镇，船工看见就不敢不卖力了。"

庆忌坐在船头上，要离只手持戟侍立。忽然山上起了一阵强风，船被吹得摇摆不定，要离乘机一戟插在庆忌的心窝上，直穿出后背。庆忌身体魁梧，两手倒提起要离在水中溺三次，再抱他放在膝上，苦笑着说："你可算是勇士，连我都敢行刺！"左右就想把要离刺死，庆忌说："此乃勇士，放他走好了。"言罢，因流血过多，倒地而死。要离见任务已经完成，便也夺剑自杀了。

周瑜打黄盖

赤壁大战前夕，周瑜欲往曹营派内奸，以控制和把握曹操发起总攻的时机。但用谁为奸，一直想不出办法。这时，黄盖来营中议事，周瑜便把自己的苦衷说了出来。黄盖慷慨地说："我愿为都督行此计。"周瑜说："你是东吴老将，无故降曹，他怎肯信呢？"黄盖说："依都督的意思应当怎么办？"周瑜说："看来只有用苦肉计了。"黄盖说："我受孙氏恩赐多年，今天即使是肝脑涂地我也无悔。"周瑜激动地说："将军肯行苦肉计，是我江东的造化，也是孙氏的大德啊。"黄盖说："都督不必多言，只管吩咐如何行计就行了。"周瑜说："我江东也少不了有曹操的奸细在此，你在这里受苦，曹操也一定会知道，你自己设法用计就行了。"

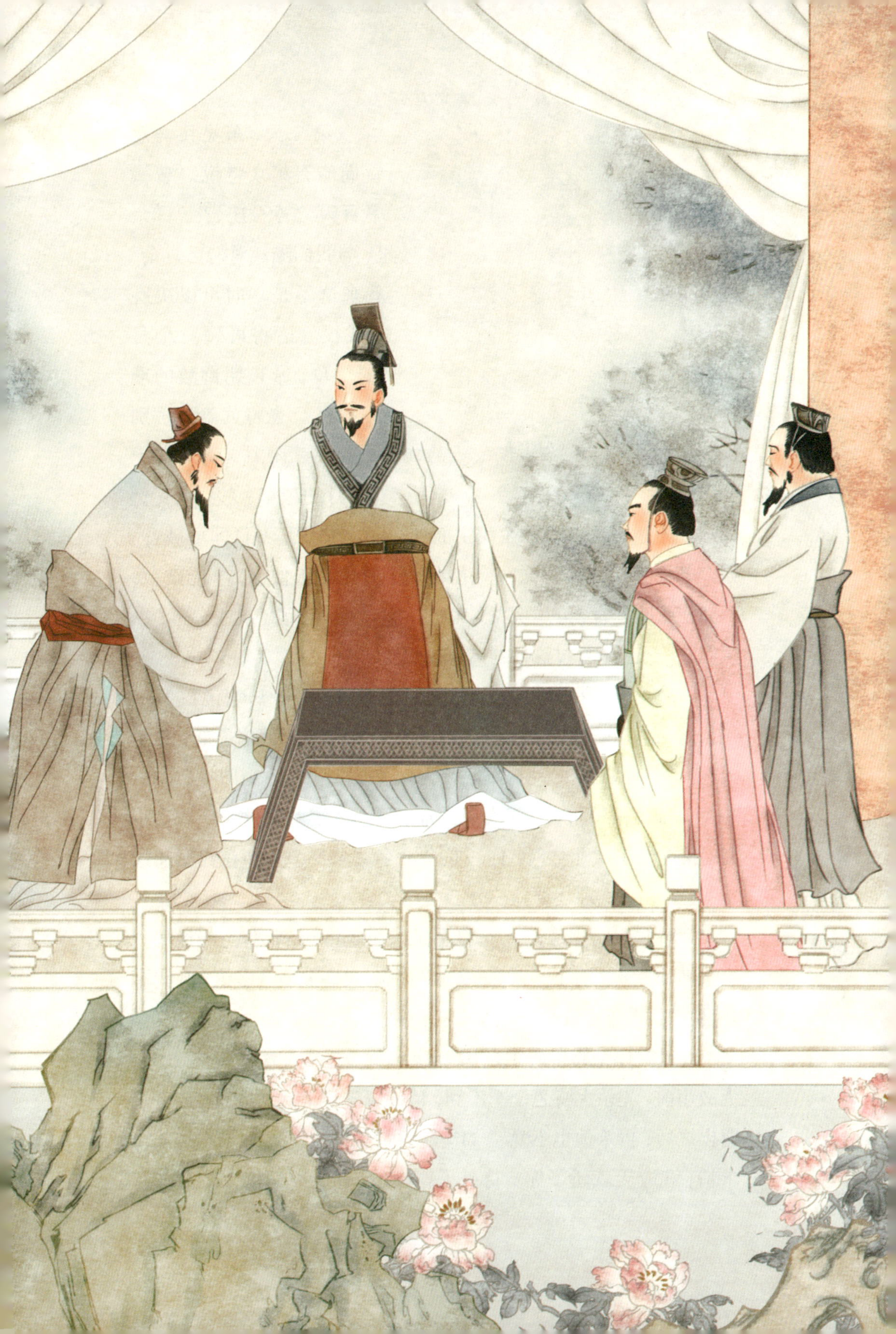

第二天，东吴兵马总督周瑜召集众将说："曹操率百万之众，连营三百余里，与我们隔江对峙已月余，看来这不是一时可以决胜的战役。诸将可领三个月的粮草，做长期御敌的准备。"老将黄盖说："别说三个月，就是三十个月的粮草，东吴也支付得起。不过，当初都督在我主面前夸下海口说，不日即可破曹。如今却要迁延三个月之久。我看一个月内能破便破，不能破敌，不如依张昭之言，弃甲倒戈，北面降曹算了。我跟随吴主三世，纵横南北，还从未打过这样的窝囊仗呢！"

周瑜见黄盖在众将面前如此放肆，怒发冲冠，厉声说："我奉主公之命，督军破曹，主公有言在先，军中敢有言降者必斩，你今天在两军交战之际，动摇军心，不杀你难以服众。"当即喝令左右将黄盖推出帐外斩首。黄盖见周瑜要杀他，便大声怒斥："黄口小儿，我打江东祖业之时，你还是个无名之辈！今天却在我面前逞威，主公在我面前还要让三分。"

大将甘宁劝周瑜说："黄将军是东吴老将，请都督宽恕他吧。"周瑜转而斥责甘宁说："你怎么敢在军政大事上多言多语，乱我军法度？"说着下令让军士把甘宁打出帐外。

此刻在座众将都跪地求周瑜说："黄盖违令乱法固然该杀，但大敌当前，先杀大将恐于军不利，请都督先记下这桩罪过，待破了曹操之后，再杀他也不晚。"周瑜转而指着黄盖说："如果不是众官求情，我今天就斩了你。待破了曹操，定斩无疑。"说罢，命左右

三十六计解析 ● 第六套 败战计

军士先打黄盖一百杀威棒。打了五十之后，众官又求情，周瑜对黄盖："你还敢小看我吗？暂且先寄下五十军棍，如有怠慢，二罪并罚。"说罢，带着怒气进了寝帐。

众将扶起黄盖，见他被打得皮开肉绽，心中无不惨然。在扶其回寨的途中，他竟昏厥了几次。黄盖醒来时，只是长吁短叹，只字不语。

军机参谋阚泽来看黄盖时，黄盖令左右侍从统统退出，阚泽问黄盖："你过去与都督有仇吗？"黄盖："没有。"接着又恳切地对阚泽说："你我二人情同手足，我这有降书，求你替我转送给曹操。"阚泽说："我愿为你效力。"黄盖一听他答应得如此痛快，激动得从榻上滚下来，向阚泽拜谢。黄盖被打的消息，早已被在周瑜营中做内奸的曹将蔡中、蔡和用密书报告了曹操。阚泽向曹操献书，也得到了曹操纳降的应允，曹操遣阚泽回江东，为黄盖归降传递信息。

阚泽回来后，与黄盖商议一番，马上写密书告诉曹操说："黄将军欲来，只因难得方便，寻到机会后，再告知丞相。"

几日之后，黄盖又遣人给曹操捎信说："周瑜这几天守关严谨，因此一直不能脱身，今有鄱阳湖运粮军到，周瑜差遣我巡哨，我因此得便。今夜三更左右，我趁机杀掉运粮吴将，劫粮去降丞相，船上插青龙牙旗的便是所劫的粮船。"曹操接到信息后十分高兴，于是专候黄盖船到。

当晚，东南风初起，有人报告曹操说："江南有一艘帆幔，顺风而来，船上插的都是青龙牙旗，其中一面大旗上写着先锋黄盖的名字。"曹操笑着说："黄盖投降，真是天助我也！"

这时，在一旁观望良久的谋士程昱对曹操说："丞相，来船必有诈，不能让他靠近我寨。"曹操问："你怎么知道？"程昱说："粮在船中，必定是稳而重，我看这船却是轻而浮，再加上今夜是东南风，如果敌人用火来攻，怎么抵挡？"曹操说："粮船是稳而重，草船也是浮而轻的，黄盖所劫之船粮草皆有，草船快，必然行在前，这有何可疑？"程昱说："周瑜既然痛打了黄盖，怎么又能用其为先锋呢？他打先锋旗号而来，必定是率军来火烧我水寨的！"曹操听罢，方有所悟，于是派大将文聘率水军去阻击。

　　文聘刚出水寨阻击，就被来船射倒在船中，船上一阵大乱。这时只见来船直冲入曹营水寨，各船一齐发火，船上军兵都纷纷跃入水中。顿时曹军水寨燃起了大火。

　　此时此刻，曹操才知道自己中了黄盖的苦肉计。

第三十五计 连环计

连环计就是一计又一计，一环套一环，环环相扣，最终击败敌人。连环计的运用，最重要的就是布局。只有布局周密毫无漏洞，才能完美施展连环计。如果其中一环出现问题，就有可能破坏全局，前功尽弃。

原 文

将多兵众，不可以敌，使其自累①，以杀其势②。在师中吉，承天宠也③。

【按语】庞统使曹操战舰勾连，而后纵火焚之，使不得脱。则连环计者，其结在使敌自累，而后图之。盖一计累敌，一计攻敌，两计扣用，以摧强势也。如宋毕再遇尝引敌与战，且前且却，至于数四。视日已晚，乃以香料煮黑豆，布地上。复前搏战，佯败走。敌乘胜追逐。其马已饥，闻豆香，乃就食，鞭之不前。遇率师反攻，遂大胜。皆连环之计也。（《历代名将用兵方略·宋》）

注 释

①自累：指自相拖累，自相钳制。

②以杀其势：减弱、刹住敌军来势汹汹的势头。杀，减弱，削弱，刹住。势，势力，势头。

③在师中吉，承天宠也：语出《易经·师卦》："在师中吉，承天宠也。"《师卦》九二以一阳而统群阴，处于险中，然而刚而得中，得制胜之道，所以吉利，无咎，犹如秉承上天保佑一样得宠。

三十六计解析 第六套 败战计

179

译文

敌军兵强势大,不能与他硬拼,应当设法使他们自相钳制,以削弱它的势头。正如《易经·师卦》所说:将帅处于险象时,刚而得中,指挥巧妙得当,就能如同天神相助一样。

【按语】庞统让曹操把战船勾连在一起,然后纵火焚烧,使之无法逃脱,可以摧毁强敌的势力。所以连环计的关键在于让敌人自己给自己找麻烦,然后想办法对付他。先用一计让敌人自我拖累,之后再用另一计攻击他,两计环环相扣,可以摧毁强敌的势力。比如宋朝的毕再遇和敌人交战,时进时退好几次。等到天色已晚就用香料煮黑豆,把豆撒在地上,之后再和敌人交战,假装败走。敌人追上来,但是他们的马匹又累又饿,闻到豆香都停下来吃豆子,怎么鞭打也不走。毕再遇再引兵反击,于是大胜。这些都是运用连环计的例子。(参见《历代名将用兵方略·宋》)

◆◆ 计名探源 ◆◆

"连环计"一词见于元杂剧《锦云堂暗定连环计》,剧中写的是王允设连环计除掉董卓的事。现在多以《三国演义》里王允"巧使连环计"和庞统"巧授连环计"为代表事件。王允"巧使连环计"指的是王允用貂蝉离间董卓和吕布,进而借吕布之手除掉董卓的故事。庞统"巧授连环计"是指庞统怂恿曹操把战船都用铁链勾连起来,以方便纵火焚烧,使之无法逃脱的故事。

【延伸阅读】

子贡巧施连环计救鲁国

春秋时期，齐国的右相田常企图在齐国造反，但又惧怕朝中大臣高昭子、国惠子等人的势力，便向齐简公建议，派这几位大臣领兵攻打鲁国，以转移他们的兵力。齐简公采纳了他的建议。

孔子听说了这件事，大吃一惊，对门下弟子说："鲁国是我们祖宗坟墓所在之地，是我们的出生之地，现在鲁国有难，我们怎能坐视不管呢？有谁能制止齐军攻打鲁国？"子贡挺身而出，自告奋勇，说他有办法解救鲁国的危难。

子贡先来到齐国，对田常说道："您不该去攻打鲁国呀！鲁国的城墙低而薄，护城河狭而浅，国君愚昧懦弱，大臣无能，军队不善于打仗，是个难于征伐的国家。您不如去攻打吴国。吴国的城墙高而厚，护城河宽而深，军队精锐，铠甲崭新，是个比较容易征伐的国家啊！"田常听了这话，很生气，认为子贡在戏弄他。

子贡说："我听说，忧患在国内的，要去攻打强大的国家；忧患在国外的，要去攻打弱小的国家。现在您的忧患是在国内呀！我听闻您与高昭子、国惠子素来不和。他们率军攻打衰弱的鲁国，取胜的概率比较大。功劳自然属于高昭子、国惠子等人。这里面并没有您的功劳啊！这些人的权势会不断增加，而您便将因此面临困境了。因此，假如您能设法使他们转而攻打吴国，他们多半会失败，高昭子、国惠子等人将面临困境，那时候，掌握大权的只有您了啊！"

田常听了这话，很是高兴，但考虑到齐军已开赴鲁国，忽然又叫他们去打吴国，会令人生疑，因而有些犹豫不决。

子贡了解到田常的顾虑，便说："只要您能让他们按兵不动，

我便立即到吴国去说服吴王来救鲁伐齐，这样，齐国就有理由攻打吴国了。"田常采纳了子贡的建议。

子贡又赶到吴国，对吴王说："上次吴国和鲁国联合攻齐，现在齐国人为了报仇，已出兵准备攻打鲁国，下一步就是攻打吴国。大王您何不先发制人，援鲁伐齐？况且援救鲁国也可显扬名声。若您打败齐国，也可使鲁国听命于吴国，并可震慑晋国。大王何乐而不为呢？"吴王说："你说得有道理。只是听说越国有侵犯吴国的野心，等我先打完越国，再按你说的做吧！"

听了吴王的话，子贡表示愿意去越国说服越王，让越王亲自率军跟随吴王攻齐，以使越国兵力空虚。夫差高兴地答应了。

于是，子贡来到越国，跟越王说："吴王怀疑越国将攻打吴国，吴国就要攻打越国了。大王若亲自率领军队跟随吴王攻打齐国，这样可以消除吴国对越国的怀疑。将来如果吴国战败，势力就会削弱；若吴国战胜，一定会与强大的晋国争霸。这样，后方必然空虚，越国便可以乘虚而入。请让我去会见晋国国君，我会说服他共同攻打吴国。"

越王听了非常高兴，答应按子贡说的办。过了几天，越王便派文种向吴王进献宝剑、精甲等礼物，并表示越王将亲率三千军士随吴伐齐。吴王很高兴。子贡又说服吴王，说只要让越军参战就行，越王则不必亲自出征了。

接着，子贡又赶到晋国，对晋王说："人无远虑，必有近忧。吴国即将攻打齐国，如果吴国取胜，吴王一定会和晋国争霸。"晋王非常恐慌，问该怎么办。子贡说："整治武器，休养士兵，做好充分的准备,等待吴军到来。"

等子贡回到鲁国,吴国已打败齐国。不久,吴王又率大军北上伐晋。这时,越王便趁机攻占了吴国都城。

子贡一番攻心游说,布置了一个使齐、吴、越、晋等国互相牵制的连环巧计,使鲁国免遭齐军的攻伐,又免受吴国的挟制,从而挽救了鲁国。

第三十六计　走为上

走为上原指事情发展到无可奈何的地步，没有其他办法，只能出走。比喻在敌我力量悬殊的不利形势下，有计划地主动撤退，避开强敌，寻找战机，以退为进。走和逃不同，走是敌强我弱的时候，保存实力，主动撤退；逃是胆小怯懦，望风而溃。

原文

全师避敌[①]。左次无咎，未失常也[②]。

【按语】敌势全胜，我不能战，则必降、必和、必走。降则全败，和则半败，走则未败。未败者，胜之转机也。如宋毕再遇与金人对垒，度金兵至者日众，难与争锋。一夕拔营去，留旗帜于营，豫缚生羊悬之，置其前二足于鼓上，羊不堪倒悬，则足击鼓有声，金人不觉为空营。相持数日，乃觉，欲追之，则已远矣（《战略考·南宋》）。可谓善走者矣！

注释

①全师避敌：师，指军队。全，保全。全师，保存军事力量。避敌，避开敌人。

②左次无咎，未失常也：部队后撤，以退为进，不失为常道。《易经·师卦》说："左次，无咎，未失常也。"这里的师是指军队、用兵。左次，是指军队向后撤退。古时兵家尚右，右为前，指前进；左为后，指退却。

译文

为了保全部队的实力,可以退兵以避开强敌。实行撤退,以退为进,并没有违背(用兵的)常道。

【按语】在敌人处于绝对优势的情况下,我方不能与之硬拼,只有投降、讲和与撤退三条出路。如果投降,就是彻底的失败;如果讲和,就是失败了一半;如果撤退,就不等于失败。没有失败,就会有反胜的转机。例如,宋朝毕再遇和金兵对战,因为金兵势力强大,而且每天来的援兵很多,难以和金兵抗衡。于是他便在一天傍晚把队伍全都撤离了,只留下旗帜插在营房前,并事先把羊倒悬起来,把羊的前腿放在鼓面上。羊受不了被倒悬,两腿乱蹬,就把鼓敲得咚咚作响,使金兵没有察觉到毕再遇已经把队伍全部撤走了。就这样相持了好几天,金兵才察觉到异常,想追赶时,宋兵早已走远了(参见《战略考·南宋》)。这可称得上是"走为上"的优秀战例。

◆◆ 计名探源 ◆◆

本计语出《南齐书·王敬则传》,云:"檀公三十六策,走为上计,汝父子唯应走耳。"意思是说,败局已定,无可挽回,唯有暂时退却,方是上策。后人沿用此语。宋朝释惠洪著《冷斋夜话》:"三十六计,走为上计。"明末清初,引用此语的人更多。其实这种思想在《孙子兵法》里就有,《孙子兵法·计篇》里说:"强而避之。"就是"走为上"的道理。

【延伸阅读】

曹操弃"鸡肋"

215年,曹操进攻汉中,面对曹操的强大攻势,汉中军阀张鲁被迫向曹操投降。曹操派大将张郃、夏侯渊在汉中镇守。两年后，刘备率军进攻汉中，与曹军在阳平关相持。219年正月，刘备的大将黄忠大败曹军，在定军山斩了夏侯渊。得到这个消息，曹操十分愤怒，亲率大军驰救，在阳平受到刘备的阻击。

曹操此时进退两难，内心十分焦灼：粮草供应不上，如果再相持下去，肯定占不到一点便宜；如果撤退，把汉中让给刘备又实在不甘心。

正愁闷之际，士兵送上一盆鸡汤，曹操夹起汤中的鸡肋，有感于怀，若有所思。这时，夏侯惇进来询问夜间口号，曹操便随口说："鸡肋！鸡肋！"行军主簿杨修听闻口号是"鸡肋"，便令军士们收拾行装，准备归程。夏侯惇不解，问他为何收拾行装。杨修说："鸡肋，食之无味，弃之可惜。今传此为令，可见魏王不日将退兵了。早收拾行装为好，免得临行慌乱。"

过了不多久，曹操终于知难而退，从汉中撤兵了。

曹操此番"走为上"的做法是非常明智的，在自己处于不利形势的情况下，忍痛割爱，知难而退，不为"鸡肋"所耽误，保存了自己的实力。

李泌归隐山林

李泌原是长安人，自幼聪颖，深得唐玄宗赏识。唐玄宗想赐予他官职，被他推脱了。唐玄宗便要他和太子李亨交个朋友。太子李亨也非常喜欢他，李泌成为太子李亨非常亲近的师友。后来，李泌因看不惯杨国忠掌权，写诗讽刺杨国忠，因此深受杨国忠排挤。李泌不愿卷入纷争，就跑到河南颖阳隐居起去了。

后来安史之乱爆发，唐玄宗逃走，太子李亨在灵武即位，是为唐肃宗。唐肃宗派人四处寻找李泌，李泌为了肃宗跟自己的交情，

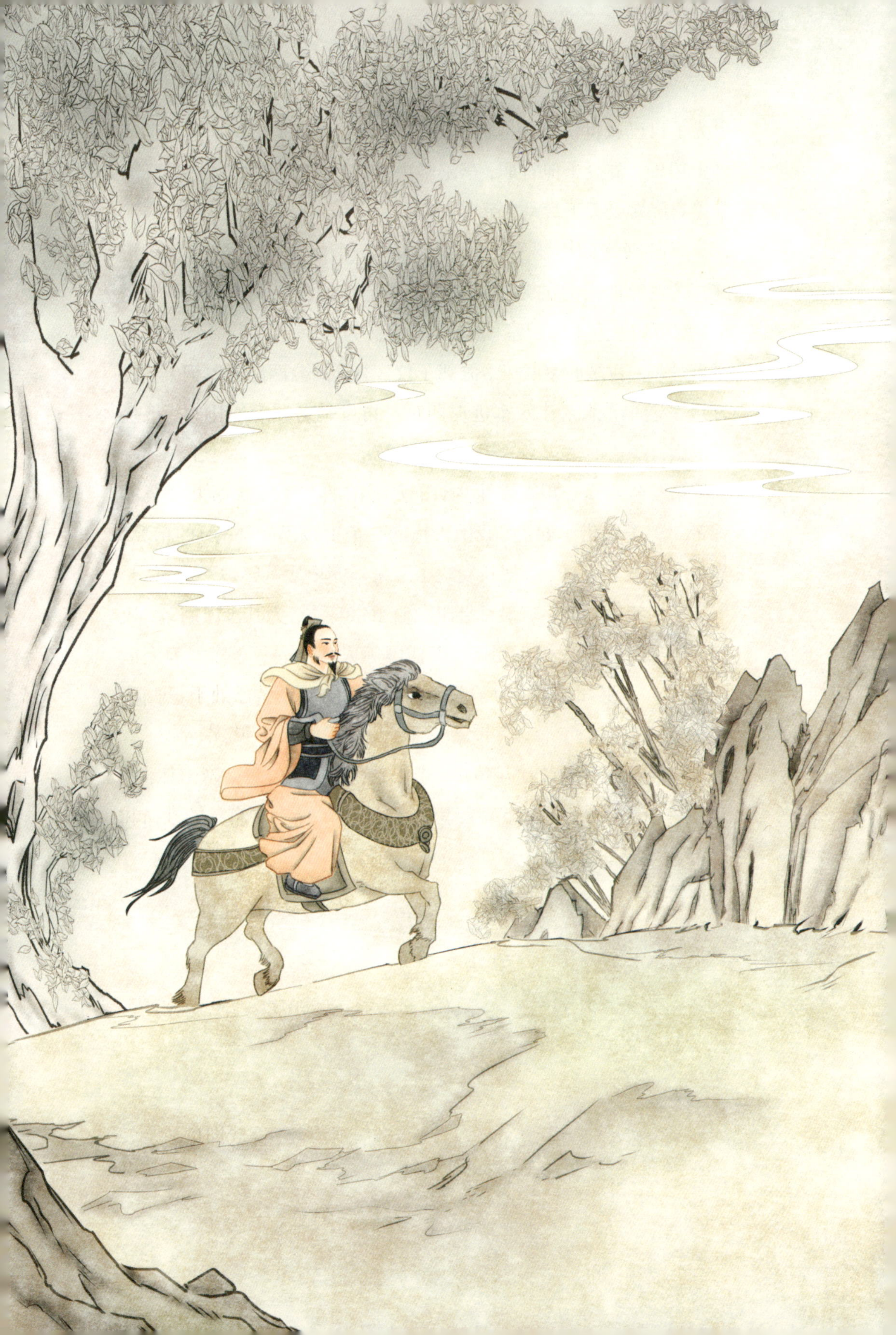

也为了自己救世济民的抱负，便赶到灵武，为肃宗出谋划策。肃宗喜出望外，要授予他官职，李泌坚决推辞。在肃宗的一再坚持下，李泌只好接受天下兵马大元帅的职位。

唐肃宗询问李泌平定叛乱的策略，李泌说："安禄山发动叛乱，真心为他出力的是少数，其余都是被迫的。我估计，不出两年，就可以把他们消灭。"接着，李泌又为肃宗制订了一个详细的军事计划：暂缓收复长安，派郭子仪、李光弼分两路进军河北，攻打叛军老巢范阳，让叛军进退两难。再发动各路官军围攻，把叛军消灭。

第二年春天，叛军发生内讧，安禄山的儿子安庆绪杀父自己称帝。郭子仪借了回鹘（我国古代的一个少数民族部落）的精兵，集中了十五万人马，才把长安攻了下来。安史之乱终被平定。

平定叛乱期间，李泌一直跟在唐肃宗身边，为其出谋划策，权逾宰相，因此招致权臣崔圆、李辅国等人的猜忌，李辅国等人欲陷害他。李泌知道后，为了明哲保身，便向肃宗请求放自己归隐山林。

在纷杂混乱的政治斗争中，李泌独善其身，一心归隐山林，这也是一种"走为上"的计策。李泌适时出走，保全了自己的性命和名节。

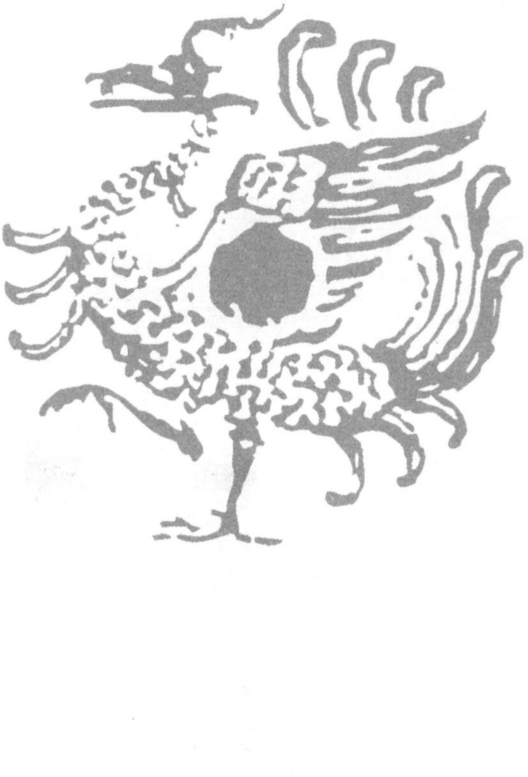

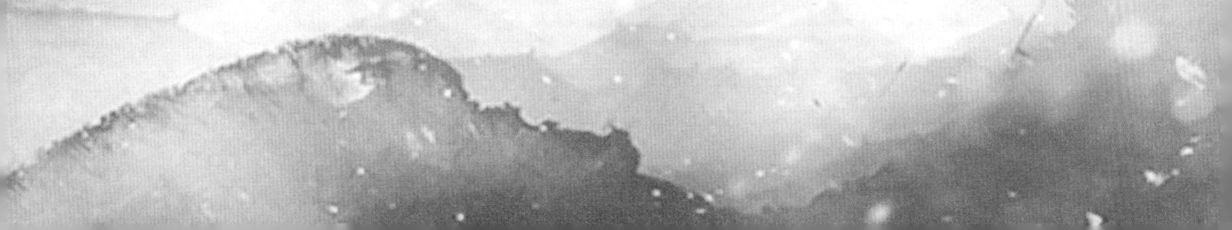

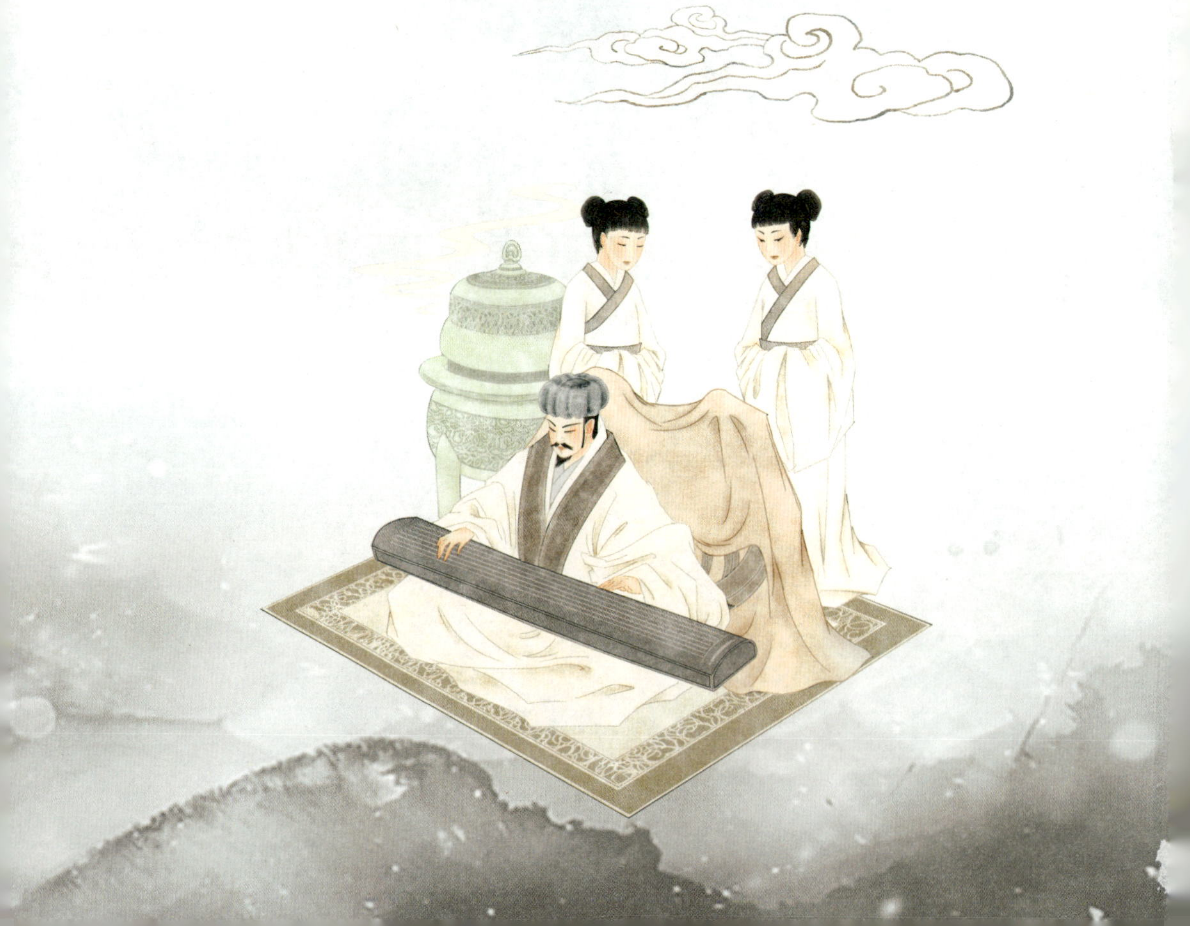